Goddess Girls series:#7 ARTEMIS THE LOYAL by Joan Holub and Suzanne Williams
Copyright © 2011 by Joan Holub and Suzanne Williams
All rights reserved.
This Korean edition was published by RH Korea in 2014 by arrangement with
Joan Holub and Suzanne Williams c/o EDEN STREET LLC through KCC(Korea Copyright
Center Inc.), Seoul.

이 책은 (주)한국저작권센터(KCC)를 통한 저작권자와의 독점 계약으로 (주)알에이치코리아에서 출간되었습니다.
저작권법에 의해 한국 내에서 보호를 받는 저작물이므로 무단 전재와 복제를 금합니다.

올림포스 여신스쿨

7 아르테미스의 믿음

조앤 호럽, 수잰 윌리엄스 글 · 유수정 그림 · 김경희 옮김

가브리엘라 샤군과 세실리아 샤군에게

— 조앤 호럽, 수잰 윌리엄스

차례

1. 여자는 안 돼 • 09
2. 쌍둥이 거인 • 26
3. 형제 대 남매 • 46
4. 교장실 방문 • 61
5. 피융! • 75
6. 여자끼리 • 98
7. 골칫덩어리 • 111
8. 불공평해! • 129

9 서명 운동 •152

10 날 좀 내버려 둬 •176

11 결혼 이야기 •203

12 피톤 •216

13 그리스 철학 •234

14 사음 술래잡기 •260

15 쓰쓰쓰우우께끼 •276

1 여자는 안 돼

"운동장까지 누가 빨리 가나 해 볼까?"

아르테미스가 쌍둥이 동생 아폴론에게 제안했다.

수요일 오후, 둘은 올림포스 학교 앞뜰에 있었다. 학교 운동장에선 토요일에 있을 올림픽 경기 연습이 한창이었다. 그리스전 지역, 올림포스 산, 다른 마법의 세계에서 재능 넘치는 선수들이 올림포스 학교로 속속 모여들었다.

아폴론은 무릎을 구부린 채 앞뜰의 대리석 타일에 손가락을 대고 출발 자세를 취했다.

"좋아. 해 보자고."

아르테미스가 몸을 숙이고 출발 신호를 외쳤다.

"제자리에, 준비, 출발!"

아르테미스와 아폴론은 동시에 앞으로 달려 나갔다. 두 쌍둥이 신은 바람처럼 뜰을 가로지르고, 학생으로 북적이는 언덕을 달려 내려가며 부지런히 다리를 놀렸다. 아르테미스의 사냥개들도 곁에서 질세라 달렸다. 세 마리 모두 신나게 뛸 기회라면 절대 놓치는 법이 없었다!

쌍둥이 남매는 운동 중에서 활쏘기를 가장 잘했다. 활쏘기 실력 자체는 둘 다 엇비슷하지만, 경기할 때는 대체로 아르테미스가 조금 더 노력을 기울여서 아폴론을 이기는 편이었다. 그리고 지금도 아폴론이 아르테미스보다 몇 걸음 뒤처져 있었다.

아르테미스는 앞쪽 운동장에 시선을 고정한 채 격차를 더 넓혔다. 운동장 가장자리에는 깃대가 주르르 세워져 있고, 알록달록한 깃발이 하늘 높이 나부끼고 있었다. 깃발마다 각기 다른 운동 경기를 나타내는 상징이 그려져 있는데, 활쏘기는 올림픽 종목이 아니기 때문에 깃발이 따로 없었다. 그래도 아르테미스는 별로 상관하지 않았다. 활쏘기가 올림픽 경기 종목이라 하더라도 어차피 아르테미스는 이길 수 없기 때문이었다.

왜 그럴까? 경기를 위해 모여든 경쟁자가 너무 많아서?

답은 다른 곳에 있었다. 올림픽 경기에 참가하는 선수는 모조리 남학생이었다. 여학생은 단 한 명도 없었다. 애당초 여학생은 올림픽에 참가할 수 없기 때문이다. 그 생각을 하자 아르테미스는 목덜미가 뻣뻣해졌다.

'불공평해!'

아르테미스는 아폴론을 힐끗 쳐다보았다.

'어머나! 바짝 쫓아왔잖아!'

다른 학교 선수의 달리기 연습을 지켜보려고 꽤 많은 학생이 경기장 옆에 모여 있었는데 거기에 아레스가 있었다. 올림포스 학교에서 가장 달리기를 잘하는 아레스가 싱글싱글 웃으며 입가에 두 손을 모으고 외쳤다.

"아폴론, 힘내! 이길 수 있어. 네 상대는 기껏해야 여자애잖아!"

그 말에 아르테미스는 이를 앙다물었다.

'너 말 다 했어!'

아르테미스는 모든 의지를 그러모아 결승점에 눈길을 딱 고정한 채 있는 힘껏 달려 아폴론을 한참이나 앞질러 운동장 가장자리를 쌩하고 지나쳤다.

"우아!"

아레스가 탄성을 지르다가 아르테미스가 멈춰 서지 못하고

자기한테 와서 부딪힐까 봐 뒤로 풀쩍 물러났다.
 아르테미스는 숨을 헉헉 고르면서 우쭐한 눈길로 아레스를 쳐다보았다.
 "기껏해야 여자애일지는 몰라도 이긴 쪽은 나야, 안 그래?"
 "어, 뭐 그렇지. 좋은 경기였어."
 아레스의 대답은 영 변변찮았다.
 '여자가 운동을 잘하면 남자애들은 대번에 관심을 잃어버리지.'
 아르테미스가 뒤돌아섰더니 어느새 아폴론이 도착해 있었

다. 아폴론의 얼굴은 아르테미스가 좋아하는 키톤처럼 새빨간 색으로 물들어 있었다.

"진짜 고맙네!"

아폴론이 짜증을 버럭 냈다.

"친구들 앞에서 이렇게 망신을 주다니 말이야!"

아르테미스는 황당하기 짝이 없었다.

'뭐라고? 그럼 네 체면을 세워 주기 위해 일부러 져야 했다는 거야?'

그 순간 아테나가 관중석에서 소리쳤다.

"아르테미스, 여기야!"

산들바람에 아테나의 갈색 곱슬머리가 날려 얼굴을 가렸다. 아테나는 한 손으로 머리카락을 젖히며 아르테미스를 향해 나머지 손을 열심히 흔들었다. 아르테미스는 아폴론 때문에 여전히 골을 내며 아테나 쪽으로 성큼성큼 걸어갔다. 아테나는 원반던지기를 구경하는 중이었다. 아르테미스가 다가오자 아테나는 옆으로 비켜서며 자리를 만들었다.

아틀라스가 첫 번째 선수로 나섰다. 아틀라스는 오른손에 지름이 30센티미터는 너끈히 되어 보이는 원반을 들고 있었다. 여학생들이 지켜보는 가운데 아틀라스는 몸을 돌리며 한 바퀴 빙글 돌아서 추진력을 모았다. 그러더니 "으랏차차!" 하고 기운을 쓰며 엄청난 힘으로 원반을 멀리 날려 보냈다. 원반은 전체 운동장 길이의 반 넘게 휙 날아갔다!

그 모습에 올림포스 학교 남학생들이 아틀라스를 응원하려고 우르르 모여들었다.

"잘했어, 아틀라스!"

아폴론이 소리치며 주먹을 하늘로 치켜들었다.

"끝내주는데!"

아레스도 덩달아 소리쳤다.

아르테미스는 그 둘을 짜증스럽게 노려보았다.

'그래, 남자애가 운동을 잘하면 아주 좋아서 난리 법석을 피우지! 참 나!'

그때 아레스가 갑자기 아르테미스 쪽으로 고개를 휙 돌렸다. 아르테미스는 저도 모르게 긴장이 됐다.

'어? 왜 날 쳐다보는 거지?'

그러나 아르테미스는 곧 아레스가 자기 뒤쪽을 바라본다는 걸 깨달았다. 뒤를 돌아보니 단짝 아프로디테가 다가오고 있었다. 운동장에 모여 있던 남학생 중 반 이상이 하던 동작을 멈추고 아프로디테가 아테나와 아르테미스를 향해 걸어오는 모습을 넋 놓고 바라보았다. 아프로디테의 긴 머리칼은 햇살처럼 빛나고 하늘색 키톤 자락은 걸음을 뗄 때마다 물결처럼 살랑였다. 아프로디테는 반짝이는 푸른 눈동자로 살포시 눈웃음을 치며 하늘색 매니큐어 바른 손을 살짝 흔들어 아레스에게 인사를 건넨다.

모르기는 해도 남학생들은 모든 여자애가 아프로디테처럼 천상 여자여야 하고 운동 경기 같은 건 남자가 하게 돼야 한다고 생각하는 게 분명했다.

"불공평해."

아르테미스가 큰 소리로 투덜거리자 아테나가 생글생글 웃으며 대꾸했다.

"알아. 아프로디테는 늘 남의 주목을 받지. 날 때부터 예쁘게 태어난 걸 어쩌겠어? 올림포스 학교에서 가장 아름다운 여학생이라는 게 아프로디테 탓은 아니잖아."

"아니, 내 말은 그게 아니야."

아르테미스가 해명하고 나섰다.

"올림픽 경기에 남학생만 참가할 수 있다는 게 불공평하다는 거야. 난 운동을 꽤 잘하는 편이야. 여기 있는 다른 여학생도 마찬가지이고. 그런데 왜 우리는 경기에 참가할 수 없는 거지?"

아프로디테가 생긋 웃으며 대화에 끼어들더니 두 친구 곁에 앉았다.

"어쩌면 남자애들은 아르테미스 네가 자기네를 이길까 봐 두려운 건지도 몰라."

"어쩌면 일부러라도 이겨 버려야 할지 몰라."

아르테미스가 진지하게 대꾸하자 아프로디테는 깜짝 놀라서 아르테미스를 빤히 쳐다보았다.

"진심이야? 너 정말로 올림픽 경기에 참가하고 싶니?"

"진심이라는 데 네 립글로스를 걸어도 좋아."

한동안 발치에 가만히 누워 있던 사냥개들이 이제 슬슬 지겨워졌는지 앞발로 아르테미스를 톡톡 건드렸다. 아르테미스는 눈앞을 가린 까만 머리칼을 휙 넘기고 호주머니에서 뼈다귀 모양 공을 꺼내 운동장 바깥쪽의 잔디로 던졌다. 마법 공이 왼쪽 오른쪽으로 휙휙 움직이고, 위아래로 정신없이 통통 튀자 아르테미스의 사냥개들은 신이 나 미친 듯이 공을 뒤쫓았다.

아테나가 고개를 설레설레 흔들며 말을 꺼냈다.

"가능성 없는 얘기야. 제우스 교장 선생님이 올림픽에는 남자만 참가할 수 있다고 오래전에 정해 버리셨는걸. 지금까지 그랬고, 앞으로도 그럴 거야."

아테나는 말을 마치고 경기장 한쪽 끝에 세워진 커다란 게시판을 가리켰다. 게시판에는 올림픽 경기 역사상 가장 영광스러웠던 순간이 그려져 있었다. 레슬링을 하는 남자애들, 달리기를 하는 남자애들, 창을 던지는 남자애들, 남자애들, 남자애들…….

남자애들만 가득했다!

'그래, 아무래도 아테나 말이 옳을 거야. 제우스 교장 선생님은 아테나의 아빠니까, 아테나가 더 잘 알겠지. 제우스 신은 우리 학교 교장 선생님일 뿐만 아니라 신들의 제왕이자 하늘을 지

배하는 분이시잖아. 그분 말씀이 곧 법인걸.'

그렇게 생각했지만 아르테미스는 점점 짜증이 치밀었다.

"애들아, 너희는 그게 화나지 않아? 조금도?"

아프로디테는 어깨를 으쓱했다.

"글쎄, 별로 안 그래. 난 경기에 직접 나서고 싶지 않거든. 남학생들이 땀을 뻘뻘 흘리며 경기하는 동안 관중석에 앉아서 편안히 구경이나 할래."

아테나는 손가락빗으로 머리를 쓱쓱 쓸어 넘기며 대답했다.

"난 지금껏 그 문제에 대해 딱히 생각해 본 적이 없어. 하지만 아르테미스 말에도 일리가 있는 것 같아. 우리도 경기에 참가했다면…… 어머나!"

아테나가 헉하고 숨을 들이쉬었다. 경기장 한쪽에서 남자 친구 헤라클레스를 발견했기 때문이었다. 온몸이 비늘로 뒤덮인 상대 선수 용이 날카로운 발톱으로 헤라클레스를 막 낚아챘다! 그러나 헤라클레스가 울룩불룩한 근육에 힘을 꽉 주자 상황은 금방 뒤집혔다. 헤라클레스는 상대를 머리 위로 휙 들어 올리더니 그대로 땅에 쾅 던졌다. 그러자 용이 콧구멍으로 불길을 화르르 뿜어서 헤라클레스의 머리카락을 태웠다.

아테나가 흥분해서 자리에서 벌떡 일어나며 소리쳤다.

"헤라클레스! 본때를 보여 줘!"

그 소리에 헤라클레스가 고개를 돌려 아테나를 보더니 싱글싱글 웃으며 엄지를 치켜들었다.

그 순간 아르테미스의 사냥개들이 귀를 펄럭이고 꼬리를 흔들며 돌아왔다. 비글 앰비가 공을 물고서 가장 먼저 달려와 아르테미스의 손에 공을 툭 내려놓았다.

"잘했어."

아르테미스는 공이 개의 침으로 범벅이 되어 있어도 신경 쓰지 않았다. 그러나 아프로디테는 옆으로 몸을 슬쩍 뺐다. 아프로디테가 개를 싫어한다는 건 모두가 아는 사실이니 개의 침이라면 더 말할 것도 없었다.

"얘들아, 목마르니?"

개들이 심하게 숨을 헐떡이는 걸 보고 아르테미스는 자리에서 벌떡 일어나 가까운 분수로 개들을 데리고 갔다. 바다의 신 포세이돈은 이번 올림픽을 기념하기 위해 특별히 커다란 O자 모양으로 분수를 만들었다. 분수 한가운데의 꼭지에서 물이 솟구치면 허공에서 동그라미를 그리거나 뱅글뱅글 소용돌이치며 춤을 추다가 다시 밑으로 떨어지는 장면도 펼쳐졌다.

포세이돈은 분수에서 물이 솟구칠 때마다 각기 다른 소리가 나도록 펌프 장치를 땜질하며 손을 보고 있었다. 포세이돈 주변에서는 마법 물고기가 경기 기간 동안 펼쳐 보일 묘기를 연습하고 있었다. 포세이돈이 만지고 있는 막대 모양 관에서 '뿌웅', '삑!' 하고 요상한 소리가 흘러나왔다.

아르테미스는 호주머니에 공을 집어넣고 한 마리씩 돌아가면서 사냥개에게 두 손으로 물을 떠먹였다.

"자, 마셔."

사냥개들이 모두 물을 할짝할짝 마시고 나자 아르테미스는 다시 공을 꺼내 운동장으로 힘껏 던졌다. 앰비가 먼저 잽싸게 뛰어나갔지만 곧 그레이하운드인 넥타랑 블러드하운드인 수에즈에게 뒤처지고 말았다. 그러나 넥타가 공을 잡으려는 순간, 마법 공은 놀리기라도 하듯이 방향을 휙 바꾸어 관중석으로 날아갔다.

"이야, 아르테미스. 넌 여자애치고 팔 힘이 정말 세구나."

악타이온이 소리쳤다.

악타이온은 친구 하데스와 함께 제자리멀리뛰기 경기용 모래사장에서 차례를 기다리다가 아르테미스를 본 모양이었다. 여느 때라면 아르테미스도 악타이온의 말을 칭찬으로 받아들였겠지만 오늘은 사정이 달랐다. 남학생만 올림픽에 참가할 수 있다는 규칙도 짜증이 나고, 아폴론과의 달리기를 두고 아레스가 지껄인 소리 때문에 짜증이 더해졌는데 악타이온의 말까지 들으니 짜증이 폭발해 버렸다.

"그게 무슨 뜻이야?"

아르테미스가 버럭 소리를 질렀다.

"왜? 여자애는 공 던지기도 못 할 것 같아?"

그때 "와!" 하는 함성이 치솟는 바람에 악타이온은 아르테미스의 말을 듣지 못했다. 달리기 경기장에서 연습 경기가 열렸는데, 아레스가 늘 그랬듯 다른 선수를 제치고 단번에 선두로 나서고 있었다.

"빨리, 빨리, 빨리!"

아프로디테가 관중석에서 목청을 높였다. 아프로디테와 아레스는 맨날 사귀었다가 헤어지기를 되풀이하는 사이였지만, 요즘은 사귀는 기간이 늘었다. 특히 지난번 학교 댄스파티 때 아레스가 아프로디테를 위해 달콤한 노래를 지어 부른 뒤부터.

"역시 아레스야!"

아프로디테가 신이 나서 응원하자, 아르테미스는 속으로 생각했다.

'아프로디테가 저러는 것도 당연해. 올림픽 경기에서 여학생

이 할 수 있는 일이라고는 남학생을 응원하는 것밖에 없잖아. 으윽, 분해!'

"하데스 차례가 벌써 지나갔니?"

누군가 뒤에서 아르테미스에게 말을 걸었다. 돌아보니 페르세포네가 새하얀 손으로 초록빛 두 눈에 들어오는 햇빛을 가리며 모래 경기장을 쳐다보고 있었다. 페르세포네의 목에 걸린 가디스 걸스 목걸이가 햇빛을 받아 반짝반짝 빛났다.

"더 빨리 올 수가 없었어. 4교시가 탈로 선생님의 원예학 수업이었는데, 수업을 마친 후에 새로 도착한 씨앗 정리를 도와드려야 했거든. 한참 걸렸어."

"걱정 마."

아테나가 관중석에서 두 여신 쪽으로 다가오며 대답했다.

"하데스 차례는 아직 멀었어."

아르테미스, 아테나, 페르세포네, 아프로디테는 올림포스 학교에서 가장 인기 있는 여신이었다. 넷은 가장 친한 친구라는 표시로 '가디스 걸스'를 상징하는 GG 장식 목걸이를 똑같이 하고 있었다.

"아, 다행이다."

페르세포네는 까치발을 하고

폴짝폴짝 뛰었다. 페르세포네의 빨간 곱슬머리가 움직임을 따라서 팔랑팔랑 나부꼈다. 페르세포네를 보자 하데스의 얼굴이 한층 밝아졌다. 하데스는 고개를 까딱이며 반갑다는 신호를 보냈다.

페르세포네는 살짝 수줍어하며 친구들한테 말했다.

"하데스 차례를 놓치면 어쩌나 했어. 하데스는 날 행운의 부적으로 여기거든."

그때 넥타가 타박타박 다가와 아르테미스의 발 앞에 공을 톡 내려놓았다. 아르테미스는 한숨을 푹 쉬며 생각했다.

'어째서 친구들은 나만큼 분해하지 않는 걸까? 직접 올림픽 경기에 참가할 수 없고 그저 남자애들을 돕는 일밖에 할 수 없다는 사실이 짜증 나지 않나?'

아르테미스가 이런 생각을 하며 공을 주우려고 몸을 숙였다. 그때였다. 갑자기 땅이 뒤흔들려 아르테미스는 중심을 잃고 휘청거렸다.

쿵! 쿵! 쿵!

"오, 신이시여! 이게 무슨 일이야?"

아르테미스가 놀라서 소리쳤다. 넘어지지 않으려고 팔을 버둥거리는 사이 남학생만 올림픽 경기에 참가할 수 있다는 규칙이 불공평하다는 생각은 깡그리 날아가 버렸다. 아르테미스 곁에서 분수대 물이 요동치더니 분수대에서 흘러넘쳐 바닥으로 쏟아져 내렸다. 아르테미스는 주위를 두리번거리며 이 요동의 원인을 찾았다.

'헉, 거인들이잖아! 그것도 둘이나 되네!'

올림포스 학교에서 가장 큰 학생보다 키도 덩치도 두 배는 더 큰 두 거인이 아르테미스 쪽으로 성큼성큼 걸어왔다.

'도대체 재들이 여기에 왜 온 거지?'

2 쌍둥이 거인

"거인?"

페르세포네의 눈이 휘둥그레졌다.

"우아, 진짜 크다! 하긴 거인이니까 큰 게 당연하겠지!"

영웅학 교과서에 나오는 삽화 말고 아르테미스가 본 거인은 키클롭스 선생님뿐이었다. 하지만 키클롭스 선생님은 이 두 거인보다 키가 작고, 대머리에, 이마 한가운데에 아주 커다란 눈 하나만 달려 있었다. 그런데 운동장에 나타난 두 거인은 눈 두 개에, 고불고불한 빨간색 머리칼이 빽빽하게 나 있고, 오만상을 찡그리고 있었다. 키클롭스 선생님은 학생들이 숙제를 내지 않을 때 말고는 거의 인상 쓰는 법이 없었는데 말이다.

함께 있던 친구들도 아르테미스만큼이나 바짝 긴장하는 눈치였다. 뭐 놀랄 일도 아니다. 그만큼 거인들은 여러모로 악명이 높으니까.

쿵! 쿵!

두 거인은 걸음을 뗄 때마다 땅을 쿵쿵 울리며 운동장에 들어섰다. 시끌벅적하던 운동장이 갑자기 조용해지더니 둘의 걸음 소리만 메아리쳤다. 아무도 움직이지 않았다. 모든 연습 경기가 그대로 멈췄고, 모든 눈동자가 두 거인한테 쏠렸다. 거인들은 분수대 앞에서 걸음을 멈추었다. 아르테미스, 페르세포네, 아테나가 서 있는 자리에서 몇 걸음 떨어지지 않은 곳이었다!

"우린 여기에 레슬링 경기를 하러 왔어."

두 거인 중 하나가 먼저 말을 걸었다. 그렇게 몸집이 굵고 건장한데도 목소리는 여자아이처럼 가늘고 높았다. 그러자 운동장에 있던 몇몇 남학생이 키득거렸다. 하지만 아무도 거인의 말에 대답하지 않았다. 아레스는 팔짱을 턱 낀 채 두 거인을 노려보았고, 하데스와 아폴론은 의심스럽다는 눈초리로 거인들을 쏘아보았다.

오랜 세월 신과 거인 사이에는 뿌리 깊은 불신이 자리하고 있었다. 영웅학 수업 시간에 배운 역사에 따르면 이 불신의 원인은 아주 오래전으로 거슬러 올라갔다. 먼 옛날 세상은 타이탄이라는 거인 종족이 지배했는데 올림포스 산의 신들이 힘을 합해 타이탄을 무너뜨렸다. 키클롭스 선생님 가족은 그 전쟁 때 올림포스 신의 편을 들었던 공으로 올림포스 학교에서 학생을 가르치게 되었다. 그러나 나머지 거인들은 모두 타이탄의 편을 들었기 때문에 제우스 신을 비롯한 올림포스의 신들은 전쟁에서 이겼어도 거인을 용서하지 않았다. 물론 거인도 신을 미워하기는 마찬가지였다.

"어떻게 감히 여기에 나타날 수가 있어?"

올림포스 학교 학생 중 하나가 투덜거렸다.

"우리는 여기 모인 선수들처럼 공식적으로 올림픽 경기에 참가하려고 왔어."

지금까지 침묵을 지키고 있던 거인이 입을 열었다. 그 거인의 목소리는 제우스만큼이나 굵고 낮았다. 둘 다 나이가 많아 봐야 열두 살에서 열세 살 정도밖에 되지 않을 것 같았다.

이번에도 아무도 대답하지 않자 아르테미스는 온종일 이대로 둘러서 있기만 하려나 하고 생각했다. 아르테미스가 아는 한, 거인이 올림픽에 참가할 수 없다는 규칙은 없었다. 그렇다면 할 일은 하나뿐이었다. 아르테미스는 두 거인에게 아무렇지 않게 말했다.

"레슬링 경기장은 저쪽이야."

"고마워요, 아가씨."

목소리가 낮은 거인이 대답하자 아르테미스는 풋 하고 웃음을 터뜨렸다.

"뭐가 그리 우스운 건지……?"

거인은 혹시 아르테미스가 자기를 비웃나 하고 의심하는 눈치였다.

"별거 아냐. 또래가 나한테 높임말을 쓰는 건 처음이라서 말이야."

"아."

거인은 하얀 이를 드러내며 활짝 웃었다.

"우리 학교에서는 여학생한테 예의 바르게 높임말을 쓰거든. 난 오토스라고 해. 이쪽은 내 동생 에피알테스이고. 넌 누구니?"

"난 아르테미스야."

아르테미스는 곁에서 아폴론이 '거인한테 말을 걸다니 제정신이야?' 하는 표정으로 자신을 쳐다보는 걸 보지 않아도 알 수 있었다. 아르테미스도 거인을 믿지 말라는 교육을 받아 온 것은 아폴론과 똑같았으니까. 그러나 거인들이 못생기고, 무례할 거라 상상했는데 그렇지 않았다. 오토스는 예의 있게 굴었다. 게다가 둘 다 강아지처럼 동글동글한 갈색 눈동자에, 야무져 보이는 턱, 탄탄한 몸매라 솔직히 꽤 귀여웠다. 뭐 그렇다고 아르테미스가 관심이 있는 건 절대 아니었다!

아르테미스는 두 거인의 생김새가 똑같은 걸 보고 그 둘이 자신과 아폴론처럼 쌍둥이란 걸 알았다. 그런데 이 두 거인은 똑같이 생긴 형제 일란성 쌍둥이였고, 아르테미스와 아폴론은 쌍둥이라도 다르게 생긴 남매 이란성 쌍둥이였다. 그래서 아르테미스와 아폴론은 새카만 머리칼과 검은 눈동자, 활쏘기 실력 말고는 공통점이 없었다.

에피알테스가 오만한 눈으로 여학생들을 쳐다보더니 배를 벅벅 긁으며 말했다.

"난 올림픽에 남자만 참가하는 줄 알았는데."

에피알테스의 가는 목소리에는 비난하는 기색이 역력했다.

"하긴, 어차피 소년 신들 실력이 여자애들 수준밖에 안 될 테니까."

"뭐?"

아르테미스는 허리에 손을 얹고 인상을 찌푸렸다.

운동장에 있던 선수들이 분통을 터뜨리며 두 거인에게 다가 섰다. 한판 벌일 작정인지도 몰랐다. 문득 아르테미스는 누가 가까이 다가오는 느낌이 들었다. 고개를 돌리니 어느새 아프로디테가 관중석에서 내려와 아르테미스 곁에 서 있었다.

"아무래도 누가 아빠를 좀 데려와야 할 것 같은데?"

아테나가 걱정스러운 목소리로 중얼거렸다.

아르테미스는 혹시 주위에 제우스 교장 선생님이나 다른 선생님이 있는지 휘휘 살폈다. 생각해 보니 그날 오후에 교무 회의가 있어 올림포스 학교 선생님은 모두 학교 안에 있었다.

"올림픽 경기는 말이야, 남자들만 할 수 있는 거라고."

에피알테스가 가소롭다는 듯이 천천히 되풀이해서 말했다. 올림포스 학교 학생은 멍청해서 못 알아들을까 봐 염려된다는 태도였다.

"말이 나왔으니 말인데, 도대체 여학생이 왜 여기 있는 거야? 휘이, 휘이, 저리 가!"

에피알테스는 경기장에서 여학생들을 쓸어 버리기라도 한 듯이 손을 탁탁 털었다. 여학생은 물론, 대부분의 남학생까지 에피알테스를 멍하니 쳐다보았다. 너무 무례하게 나오니 다들 어이가 없었다. 오토스도 별다른 말이 없었기 때문에 아르테미스는 오토스도 같은 생각일 거라고 판단했다.

'어휴, 조금 전까지 예의가 어쩌고저쩌고하더니!'

보다 못한 페르세포네가 상황을 가라앉히려고 나섰다.

"우린 연습 경기를 구경하러 온 거야."

"그래, 우리가 '할 수 있는' 일이라곤 그게 다라서 말이지. 여자는 올림픽 경기에 참가해 실력을 겨룰 수 없으니까!"

아르테미스는 결국 참지 못하고 한마디를 덧붙였다.

그 말에 에피알테스가 오만하게 껄껄껄 웃었다.

"당연히 그래야지."

아르테미스는 아레스가 아폴론을 쿡 찌르며 기가 찬다는 듯 눈을 빙글 굴리는 걸 보았다.

'어라? 아레스는 저 거인 녀석이 나한테 건방지게 말해서 거인한테 화가 난 거야? 아니면 내가 여자도 경기에 참가할 수 있어야 한다는 뜻을 비쳐서 나한테 짜증이 난 거야? 흥, 내가 여기서 자기들 지껄이는 소리만 가만히 듣고 있을 거라 생각한다면, 우리 학교 남학생이든 저 두 거인이든 전부 바보들이야.'

아르테미스는 손에 들고 있던 마법 공을 꽉 쥐었다. 그러고는 망설임 없이 있는 힘껏 공을 던졌다. 공이 피융 하고 날아가더니 에피알테스의 머리 바로 위를 스치며 머리카락을 반으로 쫙

갈랐다. 에피알테스는 깜짝 놀라서 몸을 휙 숙였다. 공은 그대로 운동장을 날아가 한참 뒤 운동장 반대편 끝에 떨어졌다! 아르테미스 곁에 있던 사냥개들은 놀이가 새로 시작 되었다고 생각하고서 신나게 공을 쫓아갔다.

"설마 너 날 노린 거야?"

에피알테스가 아르테미스 쪽으로 다가서며 소리를 빽 질렀다. 아르테미스는 그저 어깨만 으쓱했다.

아프로디테, 페르세포네, 아테나는 혹시 문제가 터질까 걱정되어 아르테미스 곁에 바짝 다가섰다. 동시에 아레스, 하데스, 아폴론, 악타이온도 여학생들을 보호하려는 듯 옆으로 다가왔다. 그러자 아르테미스는 걱정이 들었다.

"어, 애들아, 잠깐만."

아무래도 싸움이 벌어지기 전에 얼른 화해를 해야 할 것 같았다. 그런데 오토스가 동생의 팔을 붙잡으며 말했다.

"야, 멍청하게 굴지 마. 저 애는 여자라고. 여자들은 목표물을 겨냥할 줄도 몰라. 공을 저렇게 멀리 보낼 리는 더더욱 없지. 그냥 운이 좋아서 그렇게 된 거뿐이야."

그 말을 듣는 순간 아르테미스는 화해할 마음이 싹 사라져 버렸다.

'이 녀석들이 보자 보자 하니까!'

아르테미스는 에피알테스 쪽으로 성큼 다가섰다.

"그래, 내가 네 코를 겨냥하지 않아서 운이 좋은 줄 알아!"

아르테미스는 고래고래 소리를 질렀다.

"야, 똑바로 알아 둬. 저 공은 내가 노린 바로 그 자리로 날아간 거야. 그리고 이곳엔 나 말고도 공을 잘 던지는 여자애가 수두룩해. 우리도 올림픽 경기에 참가할 수 있다면 너희 남자 선수의 절반은 우리한테 나가떨어질걸?"

그러자 에피알테스가 "푸핫!" 하고 웃음을 터뜨리며 쌍둥이 형의 옆구리를 쿡 찔렀다.

"오토스, 너도 저 말 들었어? 여자도 올림픽 경기에 참가해야 된다잖아!"

에피알테스는 계속 낄낄거리며 아르테미스에게 대꾸했다.

"이봐, 그런 일은 절대로 일어나지 않아. 머리 모양 망가질까 봐 걱정되지 않니?"

"그 입 다물지 못해!"

아레스가 고함을 지르며 앞으로 쑥 나서더니 거인의 허리띠와 코가 맞닿을 거리에 섰다.

"감히 그딴 식으로 말하다니! 그래, 제우스 교장 선생님께서 올림픽 경기는 남자만 참가할 수 있다고 정하셨어. 당연한 얘기지. 하지만 너희는 이 학교 학생이 아니라 손님일 뿐이야. 기껏해야 거인 주제에. 우리는 신이고, 세상을 다스리는 건 우리야. 그러니 우리한테 이래라저래라 하려 들지 마! 여학생들한테도 함부로 굴지 말라고!"

에피알테스의 눈이 번득였다.

"그래? 너 말 다 했어?"

아레스도 인상을 팍 썼다.

"그래, 말 다 했다!"

그러자 아프로디테가 친구들에게 속삭였다.

"오, 이런. 난 아레스의 저 표정이 무슨 뜻인지 알아. 아레스가 화나면 곧바로 전쟁이 벌어지는데."

곧이어 아폴론, 하데스, 악타이온, 포세이돈을 비롯한 열 명 남짓한 남학생이 아레스의 곁에 늘어서며 같은 생각임을 밝혔다. 아마 대부분의 올림포스 학교 남학생이 올림픽에 남자만 참가할 수 있다는 규칙에 찬성할 테지만, 그래도 자기들 말고 다른 누가 아르테미스의 생각을 비웃는다면 받아 줄 수 없다는 입장인 것 같았다.

"우리 누나를 건들지 마."

아폴론이 겁도 없이 손가락으로 거인의 배를 쿡 찔렀다.

만약 아폴론이 아르테미스의 편을 들었다면, 아르테미스는 아폴론이 자신을 보호해 주려고 나선 데 대해 더 고맙게 여겼을 것이다. 그러나 아폴론은 여학생도 올림픽에 나갈 수 있어야 한다는 생각에 동의하는 건 아니었다.

"그만둬!"

페르세포네가 소리쳤다.

상황이 점점 심각해지고 있었다. 올림포스 학교 남학생과 쌍둥이 거인 양쪽 다 페르세포네의 말을 싹 무시했다. 대신 이글거리는 눈으로 서로를 노려보며 주먹을 꽉 움켜쥔 채 상대를 둥글게 에워쌌다. 누가 먼저 주먹을 날렸는지는 모르지만, 이내 큰 싸움이 벌어지고 말았다.

두 거인은 무시무시한 싸움꾼이었다. 서로 등을 마주 대고 서서 주먹을 날리자 올림포스 학교 남학생이 몇 명이나 이쑤시개처럼 날아갔다. 그러나 아레스가 기회를 잡아 오토스의 정강이를 걷어찼다. 오토스는 고통스러운 비명을 지르며 한 발로 깡충깡충 뛰었다. 그 틈을 타서 아폴론이 반대편 정강이를 노렸지만 공격하기도 전에 에피알테스가 아폴론의 옷자락을 붙잡았다. 아폴론은 에피알테스에게 목덜미를 잡혀 허공에 대롱대롱 매

달렸다.

"아폴론을 내려놔!"

아르테미스가 깜짝 놀라서 소리쳤다.

아르테미스는 동생이 붙들리자 모든 용기를 그러모아 두 주먹을 불끈 쥔 채 거인에게 다가섰다. 그러자 에피알테스가 아르테미스를 내려다보며 싱글싱글 웃었다.

"왜? 이 녀석 대신 싸우려고?"

아르테미스는 도전하듯이 턱을 쓱 치켜들었다.

"필요하다면 얼마든지!"

아르테미스는 무의식적으로 등 뒤로 손을 뻗어 마법 화살을 뽑으려 했다.

'아차, 급히 오느라 활과 화살집을 기숙사에 두고 왔구나.'

아르테미스가 그 두 가지 무기 없이 외출하는 건 극히 드문 일인데 하필 오늘이 그날이었다.

에피알테스가 코웃음을 쳤다.

"쩝, 미안하게 됐어. 난 여자애랑은 안 싸워. 여자애가 대신 나서게 두는 남자애와 싸울 생각도 없고."

에피알테스는 아폴론을 땅에서 30센티미터 떨어진 곳에서 툭 떨어뜨렸다. 그 바람에 아폴론은 무릎을 꿇은 채 털썩 쓰러지고 말았다.

"얼른 네 힘센 누나한테 도망가렴."

에피알테스는 아폴론의 머리를 쓱쓱 쓰다듬으며 다음 말을 이었다.

"누나가 널 보호해 줄 거야."

에피알테스가 다시 껄껄 웃자, 몇몇 소년 신이 따라서 키득거렸다. 곧이어 오토스와 에피알테스 형제는 레슬링 경기장으로 어슬렁어슬렁 걸어갔다.

아르테미스는 이 상황이 참으로 끔찍했다.

아폴론은 얼굴이 시뻘개진 채 어색하게 일어서더니 호주머니에 두 손을 쑤셔 넣으며 아르테미스를 쓱 노려보았다. 그러고는 거인들과 반대 방향으로 뚜벅뚜벅 걸어갔다.

'이런 맙소사!'

한 시간도 되지 않은 사이에 벌써 두 번이나 아폴론에게 창피를 준 모양이었다.

엎친 데 덮친 격으로 어떤 남학생이 소리쳤다.

"이봐! 도와줘! 아르테미스, 나도 좀 보호해 줘!"

순간 아르테미스의 볼에 빨갛게 장미꽃이 피었다.

"지금 누가 그랬어?"

아르테미스는 모여선 아이들에게 한판 붙을 기세로 물었다.

"악타이온이 그랬어!"

다른 목소리가 소리치자, 갑자기 악타이온이 앞으로 튀어나오더니 아르테미스에게 쿵 부딪혔다. 그 충격 때문에 아르테미스는 몸이 휙 밀리면서 분수대 가장자리에 걸려 뒤로 넘어갔다. 아르테미스의 팔이 허공으로 솟구치자 악타이온이 얼른 붙잡으려 했지만 소용이 없었다.

풍덩!

아르테미스는 분수대에 엉덩방아를 쿵 찧으며 쓰러졌다.

풍덩! 풍덩! 풍덩!

그것도 놀이라고 생각한 개들이 분수대로 뛰어들더니 신나게 뛰면서 사방으로 물을 튀겼다.

창피함이 급격히 분노로 바뀌었다. 아르테미스가 다시 일어서려고 버둥거리자 머리에선 물이 뚝뚝 흘러내리고 젖은 옷은 암브로시아 국수 가락처럼 몸에 척 달라붙었다. 게다가 정수리에서 마법 물고기까지 펄떡이고 있었다!

악타이온은 당황해서 아르테미스가 괜찮은지 살피려다가 곧바로 "푸핫!" 하고 웃음을 터뜨렸다. 이어 다른 남학생들도 따라서 웃었다. 아르테미스가 머리를 세차게 흔들어 물고기를 털어 내자 마법 물고기는 무지갯빛 비늘을 반짝이며 분수대에 있는 친구들 곁으로 갔다.

악타이온은 여전히 쿡쿡대며 분수대 옆으로 와서 아르테미스에게 잡고 일어서라고 손을 뻗었다. 그러나 아르테미스는 악타이온을 세차게 밀어내며 무섭게 노려보았다.

"이봐, 인간. 너 유머 감각 한번 희한하구나."

"아르테미스, 미안해."

악타이온은 웃지 않으려고 무진장 애를 쓰는 것 같았다.

"일이 좀 비린내 나게, 아니, 그러니까 비위 상하게 되어 버렸지. 내가 도와줄게."

악타이온이 다시 손을 내밀었다.

"좋아."

아르테미스는 악타이온의 도움을 받아들이는 척하면서 두 손으로 악타이온의 손을 잡고 뒤로 휙 잡아당기려 했다. 악타이온도 분수대로 끌어들이려는 작전이었다. 그러나 안타깝게도 아르테미스의 젖은 손이 쓱 미끄러져 버렸다.

풍덩!

아르테미스는 또다시 분수대에서 엉덩방아를 찧고 말았다. 그리고 이번에는 마법 물고기가 아르테미스의 콧잔등에서 펄떡였다. 물고기를 쳐다보느라 아르테미스는 저도 모르게 사팔눈이 되어 버렸다. 정말로 머리끝부터 발끝까지 창피하기 짝이 없었다.

"이 녀석, 저리 가! 난 너희랑 수중 쇼 하러 들어온 게 아니야!"

마법 물고기는 아르테미스의 코를 다이빙대로 삼아 분수대로 풍덩 뛰어들었다. 그러자 악타이온을 비롯한 모든 아이가 배를 부여잡고 신나게 웃어 댔다. 아르테미스는 이글거리는 눈으로 악타이온을 쏘아보며 비틀비틀 일어서서 분수대 밖으로 나왔다.

"아르테미스, 저 앤 신경 쓰지 마."

아프로디테가 서둘러 다가왔다. 아프로디테와 아테나는 양쪽에서 아르테미스의 팔짱을 끼더니 혹시 아르테미스가 악타이온을 치기라도 할까 봐 얼른 떨어뜨려 놓았다.

아테나는 모여선 학생들과 운동장에 서서 이쪽을 지켜보고 있는 거인들을 쏘아보며 덧붙였다.

"아니, 아예 아무한테도 신경 쓰지 마."

페르세포네가 부드럽게 말했다.

"기숙사에 가서 옷이나 갈아입자."

그러나 아르테미스는 너무 화가 나서 이성적으로 생각할 여유가 없었다. 아르테미스는 친구들 품에서 세차게 몸을 빼내며 검푸른 눈동자로 악타이온의 회색 눈동자를 쏘아보았다. 아폴론과 학교 남학생들, 쌍둥이 거인에 대한 짜증이 한꺼번에 악타이온에게 쏠렸다. 아르테미스는 자기도 모르게 마법 주문을 외우며 악타이온을 향해 손을 뻗었다.

마법의 술래잡기 시작되리라.
내 손에 닿는 자 술래 되리라.
술래 된 자 사슴 되어 달리리라.

악타이온의 얼굴에 경계하는 빛이 서렸다. 악타이온은 얼른 아르테미스의 손을 피하려 했지만, 아르테미스가 앞으로 튀어 나가 악타이온의 팔을 톡 건드렸다.

"잡았다. 네가 이제 술래야."

아르테미스가 흥얼거리듯 말하자 악타이온이 앞으로 푹 고꾸라지면서 양손과 양발을 땅에 댔다. 곧이어 악타이온의 팔다리에서 매끄러운 털이 돋아나고 손과 발은 발굽으로 바뀌었다. 얼굴 모양도 길어지더니 이마에서 커다란 뿔이 돋아났다. 사슴으로 변신한 악타이온은 '매에.' 하고 한 번 울고서 앞으로 달려 나갔다. 아르테미스의 사냥개들은 새로운 놀이라고 생각하고 사슴을 쫓았다. 그런데 놀랍게도 사냥개만 악타이온을 뒤쫓는 게 아니었다.

"에피알테스, 돌아와!"

그나마 예의범절이 나은 편인 오토스가 고래고래 소리를 질렀지만, 에피알테스는 형의 말을 무시했다. 에피알테스가 사슴을 쫓아 운동장을 쿵쾅쿵쾅 달리자 땅이 사정없이 흔들렸다.

아르테미스는 그제야 정신이 번쩍 들었다.

'오, 신이시여! 내가 지금 무슨 짓을 한 거지?'

3
형제 대 남매

아르테미스는 여전히 악타이온에게 분통이 터지고, 머리부터 발끝까지 홀라당 젖은 데다, 모든 걸 더 엉망으로 만들고 있는 개들의 젖은 털 비린내에 둘러싸여 있지만, 그래도 에피알테스를 막아야 했다. 거인이 무자비한 사냥꾼이라는 건 모두가 아는 사실이었다. 악타이온이 잡히기라도 하면 무슨 일이 벌어질지 상상하고 싶지 않았다!

아르테미스는 얼른 새로운 주문을 걸었다.

**내키지 않아도 하는 수 없어라.
이제 그만 술래잡기 끝내야 하리라.**

술래는 사슴에서 소년으로 돌아오라.

에피알테스는 어느새 악타이온을 따라잡았다. 에피알테스가 사슴뿔을 손아귀에 쥐려는데 사슴이 다시 소년으로 바뀌었다. 에피알테스는 사슴뿔이 눈앞에서 휙 사라지자 실망한 얼굴로 멈춰 섰고, 그 사이 악타이온은 본모습으로 무사히 돌아왔다.

바로 그 순간 올림포스 학교에서 올림픽학을 가르치는 트라이애슬론 선생님이 체육관 문을 열고 운동장으로 나오더니 호루라기를 삐익 불었다. 선생님은 방금 무슨 일이 있었는지 모르는 것 같았다. 트라이애슬론 선생님은 운동장으로 걸어가다가 홀라당 젖은 아르테미스를 보고 눈이 휘둥그레졌다.

"무슨 일 있었니?"

"어, 제 사냥개들이 분수대에 뛰어들었어요."

아르테미스의 대답은 엄밀히 따졌을 때 거짓말이 아니었다. 트라이애슬론 선생님도 그 대답을 받아들인 듯 두 거인과 이야기를 나누러 갔다. 얼른 아르테미스는 조금 전까지 악타이온이 서 있던 곳을 쳐다보았다. 그러나 악타이온은 이미 사라지고 없었다.

올림픽 기간에는 학생들 간의 싸움을 엄격히 금하고 있었다. 아무도 올림픽이 취소되는 위험을 무릅쓰려 하지 않았기 때문에 아르테미스의 말에 굳이 설명을 더하려는 학생은 없었다. 심지어 소문의 여신인 파마조차 아무 말이 없었다. 페르세포네가 두 손으로 파마의 입을 틀어막았기 때문일 수도 있겠지만!

곧이어 트라이애슬론 선생님이 다음 날 연습 명단을 나눠 주면서 오늘의 수업과 올림픽 연습이 모두 끝났다. 선수와 학생은 삼삼오오 무리를 지어 학교로 돌아갔다. 모두 신나게 낮에 있던 일을 떠들어 댔다.

아르테미스는 걸어가는 내내 아무 말이 없었다. 걸음을 뗄 때마다 젖은 신발만 찍찍 소리를 냈다. 친구들은 아르테미스의 기분을 알아차리고 굳이 말을 시키지 않았다. 하지만 아르테미스는 친구들의 걱정스러운 눈빛을 읽을 수 있었다. 심지어 뒤따라오는 사냥개들조차 평소와는 달리 기가 푹 죽어 있었다.

'아까 내가 무슨 일을 벌인 걸까? 애당초 운동장에 나가지 않았으면 좋았을 텐데. 아무래도 아폴론을 찾아서 괜찮은지 확인해 봐야겠어. 그리고 악타이온도 살펴봐야겠지. 그 애가 당할 만했다 하더라도 말이야.'

아르테미스가 친구들과 학교 뜰에 이르렀을 때 아폴론이 호주머니에 두 손을 푹 찔러 넣은 채 쓱 나타났다.

"잠깐 좀 볼까?"

아폴론의 목소리는 싸늘했고 검은 눈동자는 복잡한 감정으로 들끓고 있었다.

"지금 당장?"

아르테미스는 물이 뚝뚝 떨어지는 옷을 내려다보며 되물었다. 아폴론이 대답 없이 고개만 끄덕이자 아르테미스는 하는 수 없이 친구들을 쳐다보며 말했다.

"애들아, 내 대신 개들을 방으로 데려가 줄래?"

"그래."

페르세포네가 흔쾌히 대답했다. 하데스의 개 케르베로스와 가까워진 뒤부터 부쩍 개를 좋아하게 되었기 때문이었다.

아르테미스와 둘만 남자 아폴론은 곧바로 아르테미스를 심하게 나무랐다.

"어떻게 나한테 그렇게 창피를 줄 수 있어?"

아르테미스는 깜짝 놀라서 주춤거렸다.

"뭐라고? 네가 달리기 때문에 아직도 화가 나 있다면 말인데, 난 정정당당하게 이겼어. 그리고 만약 네가 조금 전에 거인들과 있었던 일에 화가 난 거라면 나한테 오히려 고마워해야지. 그 거인이 널 두드려 패는 걸 그냥 서서 지켜 볼 수는 없잖아! 내가 어쩌길 바란 거야?"

"적어도 '누나'가 와서 날 구해 주기를 바란 건 아니야. 그것만큼은 확실해. 내 문제는 내가 처리할 수 있어."

"오, 참 잘도 그러겠다. 그래, 다들 그렇게 생각할 거야."

아르테미스는 이렇게 대꾸하면서 속으로 생각했다.

'내가 왜 미안하다고 해야 하지? 난 널 도와줬어!'

아폴론은 화를 내며 목청을 높였다.

"앞으로는 아예 운동장에 얼씬하지 말아 줘. 어차피 여자애들은 운동장이랑 맞지도 않잖아."

윽! 아폴론은 넘지 말아야 할 선을 넘어 버렸다. 아르테미스는 아폴론의 코앞에 얼굴을 바싹 들이밀었다.

"여자애들은 왜 올림픽에 참가하면 안 되는 건데? 난 뛰어난 운동선수야. 너도 그 사실을 알잖아."

"제우스 교장 선생님 뜻이 곧 법이잖아? 그런데 바로 그 교장 선생님이 올림픽에 남자만 참가하라고 정하셨어. 아르테미스, 넌 남자가 아니야. 그러니까 남자처럼 굴려고 하지 마. 그리고 한 가지 더. 네가 악타이온한테 저지른 일은 정말 용서받지 못할 짓이었어! 내가 무슨 생각이 드는지 알아?"

"어휴, 어서 듣고 싶어서 안달이 다 나네!"

아르테미스가 비꼬아 댔다.

"난 네가 그런 일을 벌인 게 순전히 악타이온이 널 좋아하기 때문이라고 생각해."

"뭐?"

아르테미스는 볼이 확 달아오르는 걸 느끼며 주위를 휘휘 둘러보았다. 주변에 오가는 학생이 꽤 있었다. 아르테미스는 부디 아무도 아폴론의 말을 못 들었기만 바랐다.

"그 앤 날 좋아하지 않아!"

아르테미스가 씩씩대며 쏘아붙였다. 그러나 아폴론은 마치 아르테미스가 모르는 걸 자신은 알고 있다는 듯이 우쭐한 표정을 지었다.

'혹시 남학생들도 여학생들이 그러는 것처럼 자기가 좋아하는 아이에 대해 이야기를 나누는 걸까?'

거기에 생각이 미치자 아르테미스는 아폴론한테 눈길을 쓱 돌리며 말했다.

"너 미쳤구나! 내가 악타이온을 사슴으로 바꾼 건 그 애 스스로 불러들인 일이야. 날 분수대에 밀어 넣었잖아!"

"흥, 아무도 선생님께 일러바치지 않은 걸 다행으로 알아."

차가운 물방울이 아르테미스의 다리를 타고 줄줄 흘러내렸다. 아르테미스는 키톤 자락을 비틀어 물기를 짜냈다.

"아폴론, 네가 내 편을 들지 않다니 믿을 수가 없어. 게다가 악타이온은 날 좋아하지 않아. 그 앤 날 비웃었어!"

"네가 구해 주겠다고 나서서 날 다른 애들한테 비웃음거리가 되도록 한 것처럼 말이야?"

아폴론은 두 손을 가슴에 모으고서 아르테미스의 목소리를 흉내 내며 말했다.

"어머, 이 나쁜 거인! 자기 몸 하나 보살필 줄 모르는 불쌍한 내 동생을 어서 내려놔 주세요. 안 그럼 죽도록 패 버릴 거예요."

"그런 거 아니잖아. 너도 알면서 왜 그래? 난 그저……."

"얘들아!"

누군가 남매에게 소리쳤다. 돌아보니 헤라클레스가 다가오고 있었다.

헤라클레스는 아까 연습 때만 해도 학교 레슬링 팀 유니폼인 파란색과 금색 줄무늬 쫄쫄이를 입고 있었는데 지금은 늘 걸치고 다니는 사자 가죽 망토 차림이었다. 사자의 턱이 헤라클레스의 머리에 딱 맞아서 헬멧을 쓰고 있는 것처럼 보였다.

'저 털가죽을 뒤집어쓰고 다니면 덥지도 않나?'

아르테미스는 은근히 궁금해졌다.

아프로디테는 종종 헤라클레스의 패션 감각을 놀려 댔지만, 아폴론을 비롯한 다른 남학생은 모두 그 망토가 멋지기만 하다고 했고, 헤라클레스가 힘과 용기를 다해 이룬 일을 높이 샀다. 얼마 전까지 헤라클레스는 올림포스 학교에 남기 위해 열두 과업 중 하나로 식인 새와 싸우고 무시무시한 크레타 황소를 잡아들였다!

그러나 아르테미스는 더 이상 누구와 이야기를 나눌 기분이 아니었다. 아르테미스는 마음에 상처를 입었고, 너무 혼란스러웠다. 아폴론과 아르테미스는 무슨 문제가 있을 때 대체로 서로의 편을 들어주었다. 그런데 아폴론이 자기를 두둔해 주지 않자 아르테미스는 기분이 정말 이상했다.

'얘는 내가 한 일에 비해 너무 심하게 화를 퍼붓고 있다는 생각이 안 드는 걸까?'

헤라클레스가 쌍둥이 남매의 얼굴을 살피더니 슬쩍 물었다.

"어, 내가 방해되는 건 아니지?"

"아니."

아폴론이 대답하고 되물었다.

"무슨 일이야?"

"트라이애슬론 선생님이 네가 아직 아무 종목에도 지원하지 않았다고 하셨어."

'엉?'

아르테미스는 놀라서 아폴론을 쳐다보았다. 올림포스 학교의 남학생은 무조건 올림픽 경기에 참가해야 했다. 그래서 아르테미스는 아폴론이 아마 달리기나 제자리멀리뛰기를 골랐을 거라고 짐작했다. 생각해 보니 아폴론은 올림픽에서 어느 종목에 출전할 건지 아직까지 말하지 않았다.

"아폴론, 우리 레슬링 팀에 새로운 피가 필요하거든."

헤라클레스가 은근히 아폴론을 부추겼다.

"지금 지원해도 늦지 않을 거야."

아폴론은 떨떠름한 표정을 지었다.

"알려 줘서 고마워. 그런데 레슬링은 내 취향이 아니라서 말이야."

헤라클레스는 싱글싱글 웃으며 대답했다.

"그래, 나도 너한테 억지로 하라는 건 아니야. 올해는 그 쌍둥이 거인 때문에 경쟁이 치열할 거야."

헤라클레스는 이어 아르테미스를 쳐다보았다.

"아르테미스, 네가 올림픽에 참가해서 그 두 녀석에게서 우리를 보호해 줘야 하는데 말이야. 유감인걸!"

헤라클레스는 자기 농담이 완전히 실패했다는 걸 알아차리지 못한 채 사람 좋게 허허 웃었다.

"올림픽 종목에 활쏘기가 없어서 아폴론한테 너무 안됐지 뭐야. 하긴 종목에 있어도 아폴론의 진정한 경쟁 상대는 너뿐인데, 네가 경기에 참가할 수가 없잖아!"

헤라클레스는 아르테미스를 보며 씩 웃었다. 아르테미스가 기뻐할 거라고 여기는 모양이었다. 그러나 아르테미스는 헤라클레스에게 인상을 팍 썼다.

'남자애들은 왜 이렇게 둔한 걸까? 지금 나랑 아폴론 둘 다한테 상처 주는 말을 했다는 걸 모르고 있잖아!'

두 남매가 아무런 반응을 보이지 않자 셋 사이에 어색한 침묵이 흘렀다. 결국 헤라클레스가 먼저 말을 꺼냈다.

"어, 음, 그럼 나중에 보자."

헤라클레스는 손을 한 번 흔들더니 학교 건물로 성큼성큼 걸어갔다.

아폴론의 얼굴은 또다시 창피함과 분노로 벌겋게 물들었다. 그 모습을 보고 아르테미스가 말했다.

"아폴론, 듣기에 좀 이상하겠지만 헤라클레스가 정말 그런 의도로 말한 건 아닐 거야."

그러나 아폴론은 아르테미스를 보며 인상을 썼다.

"이제 서로 각자 일에만 신경 쓰고 살 때가 된 것 같아. 지금 당장 말이야."

아폴론은 휙 돌아서서 학교 뜰 옆 오솔길로 뚜벅뚜벅 걸어갔다. 아르테미스는 서둘러 아폴론을 따라나섰다.

"하지만……."

"따라오지 마!"

아폴론이 버럭 소리를 질렀다.

"좋아!"

아르테미스도 지지 않고 소리쳤다.

"그래, 그러자고!"

아르테미스도 머리 꼭대기까지 화가 났다.

'흥, 네가 돌아오건 말건 신경이나 쓸 줄 알아?'

하지만 반대편으로 휙 돌아서는 순간, 아르테미스는 어쩐지 가슴이 먹먹했다.

아르테미스는 학교 뜰을 지나 화강암 계단을 올라갔다. 그러고는 분통을 터뜨리며 거대한 청동 문을 열어젖혔다. 학교 현관으로 들어서자 상패 보관함 옆 거대한 기둥 앞에 아이들이 우르르 몰려서 있었다. 그곳은 늘 각종 안내문이 붙는 곳으로 오늘도 새로운 안내문이 걸려 있었다. 가까이 다가가 읽어 보니 올해 올림픽 마지막에 특별 행사가 있을 거라는 내용이었다.

"피톤오톤이 대체 뭐야?"

누군가 중얼거리는 소리에 아르테미스는 호기심이 일어 안내문을 자세히 읽어 보았다.

선수 여러분, 주목해 주십시오.

올해 올림픽 경기에는 특별 행사가 있습니다.

이름하여 피톤오톤!
세상에서 가장 크고, 사악하고, 교활한 뱀인
파르나소스의 피톤과 겨룰 만한 능력을 가졌나요?
자신 있다면 경기에 참가해 보세요.
하지만 꼭 알아 두세요!
운동 실력만이 아니라 재치도 필요하답니다.
피톤이 묻는 까다로운 두 가지 수수께끼에
올바른 답을 해야 이길 수 있어요.
우승 상품은 우승자를 섬기는 신전이랍니다!

아르테미스는 마른침을 꼴깍 삼켰다.

'이야, 상품이 끝내주는걸!'

아이들이 잔뜩 흥분한 것도 당연했다. 아르테미스는 안내문 맨 아래에 별표가 붙은 추가 설명을 더 읽었다.

★ 주의사항 ★
피톤을 이기기는 생각보다 어렵습니다.
이미 수백 명이 시도했다가 실패했으니까요.
모든 참가자에게 행운이 있기를 빕니다!

그리고 그 문장 아래에 누군가 손수 한 줄을 더 써놓았다.

여학생은 참가 못함.

아르테미스는 이를 벅벅 갈았다.

'누가 이딴 소리를 써놓은 거야?'

그런 조건을 더해 놓은 아이가 악타이온이라고 해도 놀랍지 않았다. 하지만 상황으로 미루어 거인 중 하나일 수도 있고, 아레스일 수도 있었다. 만약 아폴론이 아르테미스와 뜰에서 마주치기 전에 학교 건물에 들어왔다면 아폴론도 가능성이 있었다.

"나도 참가할 수 있으면 좋겠어."

누군가 아쉬운 듯 한탄했다. 아르테미스가 소리 나는 쪽으로 돌아보니 메두사가 서 있었다.

"난 피톤을 꺾을 자신이 있어. 뱀이 전혀 무섭지 않으니까."

메두사는 머리로 손을 뻗어 뱀의 머리를 쓰다듬었다. 초록빛 뱀들은 메두사의 팔목에 팔찌처럼 휘감기며 정답게 굴었다.

'메두사가 내 편을 들다니 이게 웬일이야!'

아르테미스와 메두사는 의견이 같을 때가 거의 없었다. 이 피톤오톤이란 경기도 솔직히 아르테미스는 관심이 눈곱만큼도 없었다. 괴물과 엎치락뒤치락하는 건 아르테미스 취향이 아니었으니까. 그렇다고 해도 왜 메두사 같은 아이가, 아니면 올림포스 학교의 남학생을 모두 합친 것보다 훨씬 더 똑똑한 아테나 같은 아이가 재치 겨루기 경기에 참가할 수 없는 걸까?

"메두사, 넌 당연히 참가할 수 있어야 해."

아르테미스는 또박또박 못을 박으며 말했다. 그러자 메두사가 어색하게 웃어 보였다.

"그렇게 생각해?"

"당연하지."

누군가 여학생들을 위해서 목소리를 내야 했다. 설사 그 '누군가'가 아르테미스 자신이라 할지라도. 아무것도 하지 않은 채 이대로 있을 수는 없었다!

"올림픽에 참가하고 싶은 여학생이 있는데도 못 하게 하는 건 불공평한 일이야. 내가 교장 선생님께 가서 이 문제를 말씀드리겠어. 지금 당장!"

4 교장실 방문

"잠깐만! 거기 들어가면 안 돼!"

행정실 히드라 선생님의 머리 아홉 개가 동시에 고개를 옆으로 돌리며 외쳤다. 아르테미스는 히드라 선생님 곁을 지나 아무 예고도 없이 교장실 문을 벌컥 열어젖힌 참이었다.

아르테미스는 시간을 지체하면 겁이 나서 포기하게 될까 봐 얼른 말을 꺼냈다.

"교장 선생님, 중요하게 드릴 말씀이 있어요. 무슨 이야기냐 하면……."

아르테미스는 갑자기 말을 멈추고 어깨를 축 늘어뜨렸다. 교장실 책상의 황금 의자가 텅 비어 있었다. 제우스 교장 선생님은 그곳에 없었다!

그때 느닷없이 쩌렁쩌렁한 목소리가 날아들었다.

"이게 대체 뭔……?"

제우스는 아르테미스의 갑작스러운 방문에 깜짝 놀라서 우레처럼 소리를 질렀다.

아르테미스는 빙글 돌아서서 제우스 교장 선생님을 본 순간 숨이 멎을 것만 같았다. 제우스의 무시무시한 모습 때문은 아니었다. 물론 제우스는 2미터가 넘는 키에, 근육이 울퉁불퉁 불거져 있고, 북슬북슬한 붉은 수염을 기른 데다, 사람을 꿰뚫어 보는 푸른 눈동자를 가지고 있어서 보기만 해도 겁을 집어먹을 만했다. 그러나 아르테미스가 깜짝 놀란 이유는 다른 데 있었다. 제우스 교장 선생님이 네 칸짜리 서류 보관용 서랍장을 머리 위로 번쩍 치켜들고 있었기 때문이었다. 아르테미스를 향해 던지기라도 할 기세였다!

"히드라 선생님?"

제우스는 문을 향해 고래고래 목청을 높였다.

"운동 끝낼 때까지 아무도 교장실에 들이지 말라고 부탁하지 않았던가요?"

히드라 선생님의 초록색 머리가 잔뜩 골을 내며 아르테미스

쪽으로 목을 쭉 빼더니 아르테미스에게 인상을 팍 쓴 다음 교장실 안으로 머리를 들이밀었다.

"저한테 뭐라고 하지 마세요. 저는 애를 불러 세우려고 했는데 통 말을 듣지 않았다고요!"

"교장 선생님, 중요하게 드릴 말씀이 있어요."

아르테미스는 같은 말을 되풀이하며 불안한 듯 주먹을 꽉 쥐었다. 제우스는 계속 서랍장을 들었다 내렸다 하며 아르테미스를 빤히 쳐다보았다. 그러더니 땅이 꺼져라 한숨을 푹 쉬었다.

"아, 좋아. 히드라 선생님, 됐어요."

히드라 선생님이 문 밖으로 머리를 휙 빼자, 제우스는 서랍장을 어깨 너머로 휙 던졌다.

쾅!

서랍장이 바닥에 떨어져 나뒹굴었다.

"앉아."

제우스는 자기 자리로 가면서 교장실 책상 앞에 놓은 조그만 의자를 가리켰다. 꽃무늬가 그려진 의자 쿠션에는 구멍이 나 있어서 솜이 밖으로 삐죽 튀어나와 있었다.

'교장 선생님이 벌인 여러 가지 사소한 사고 중 하나겠지.'

제우스의 손가락 끝에서 나오는 번개 때문에 교장실에는 늘 남아나는 물건이 없었다.

아르테미스는 의자에서 번개 에너지 바 껍데기와 운동용 수건을 치우면서 교장실을 휙 둘러보았다. 사방에 서류나 잡지, 지도, 빈 제우스 주스 병이 굴러다니고, 벽마다 엉뚱하게 튀어나간 번개에 그을린 흔적이 가득했다.

아르테미스의 눈길을 느낀 제우스가 물었다.

"왜? 뭐가 잘못됐냐?"

"아니요."

아르테미스는 솔직하게 대답했다. 아르테미스의 눈에는 모든 게 정상으로 보였다.

'내 방이나 교장실이나 비슷하네!'

제우스는 책상 뒤로 가서 황금 의자에 털썩 주저앉았다.

"그래, 뭣 때문에 왔는지 말해 보렴. 가만, 네 이름이?"

제우스가 묻는 듯이 쳐다보자 아르테미스는 냉큼 대답했다.

"아르테미스입니다."

"그래. 활쏘기 명수지."

제우스가 학생 이름을 못 외운다는 건 모두가 아는 사실이었다. 그렇기 때문에 아르테미스는 교장 선생님이 자기 이름을 잊었다고 해서 섭섭하게 여기지 않았다.

'내가 활을 잘 다룬다는 건 기억하시잖아. 그게 어디야?'

제우스는 갑자기 앞으로 몸을 숙이더니 책상의 서류 더미에 양팔을 턱 포개어 올렸다. 그러고서 강렬한 눈으로 뚫어져라 쳐다보며 아르테미스를 옴짝달싹 못하게 만들었다.

"자, 얼른 말해 봐! 그 중요하다는 일이 도대체 뭐냐?"

아르테미스는 침을 꼴깍 삼켰다. 이어 제우스 교장 선생님 팔의 넓적한 황금 팔찌를 쳐다봤다가, 책상에 놓인 1미터 높이의 번개 트로피를 쳐다봤다가 하면서 뭉그적거렸다. 제우스의 관심이 집중되니까 아르테미스는 어쩐지 자신이 없어졌다. 올림포스 학교의 교장일 뿐만 아니라, 신들의 제왕이요, 하늘을 지배하는 자한테 자신 있게 말을 건네기란 쉬운 일이 아니었다! 아무도 제우스 신에게 이래라저래라 할 수 없었다. 그 누구도. 심지어 딸인 아테나조차도 엄두를 내지 못했다!

"음, 저는……."

아르테미스는 어떻게 하면 제우스의 성질을 건드리지 않고 자신이 원하는 바를 제대로 말할지 고민하며 조심스럽게 말을 골랐다.

제우스는 조바심이 나는지 손가락으로 책상을 톡톡톡 두드렸다. 손가락이 책상에 닿을 때마다 번갯불이 파팍 하고 튀었다. 그러다 종이에 불이 옮겨 붙었는지 책상에서 연기가 스멀스멀 피어올랐다. 아르테미스가 불을 끄려 벌떡 일어나려는데 제우스가 먼저 주먹을 쾅 내리쳤다. 그 바람에 불씨가 꺼지기는 했지만, 아르테미스는 과연 제우스가 종이에 불이 붙었다는 걸 알아차리기는 했을지 의문스러웠다.

'헉, 그냥 나한테 짜증이 난 거야.'

마른침이 또 꼴딱 넘어왔다.

"이번 주는 엄청 바빠!"

결국 제우스가 참지 못하고 소리를 질렀다.

"올림픽 준비가 한창이니 하루 종일 수다나 떨고 있을 수는 없단 말이다!"

"제가 교장 선생님께 말씀 드리고 싶은 문제가 바로 그거에요."

아르테미스는 이대로 교장실 밖으로 내던져질지도 모른다는 생각에 얼른 말을 이었다.

"올림픽이요."

제우스의 숱진 눈썹이 쑥 올라갔다.

"무슨 문제라도 생긴 거냐? 난 스포츠맨 정신이 형편없이 무너지는 일만큼은 정말 참을 수 없어. 듣자 하니 오늘 운동장에서 실랑이가 있었다던데."

제우스는 아르테미스를 빤히 바라보면서 책상의 번개 트로피를 집어 들더니 팔 운동을 하기 시작했다. 아르테미스는 혹시라도 제우스의 손에서 트로피가 미끄러질 때를 대비해서 슬그머니 의자 뒤쪽으로 물러났다.

"설마하니 뜬소문이겠지. 올림픽 경기는 학생들이 서로 하나가 되어 어우러지도록 하는 데 그 뜻이 있지. 그런데 그런 일이 있을 리가 있나? 혹시 내가 잘못 안 거냐?"

'오, 이런. 난 여기 누굴 일러바치러 온 건 아닌데. 게다가 오늘 오후 일에서 잘못을 따지자면 나도 절대 빠져나갈 수 없는 걸.'

아무래도 파마가 가만있지 못하고 결국 소문을 퍼뜨린 모양이었다.

"교장 선생님이 잘못 아시다니요? 그럴 리가요."

아르테미스는 그런 말도 안 되는 소리가 어디 있냐는 듯 행동했다. 그러자 제우스는 고개를 갸웃하며 겸손하게 자신을 낮추었다.

"나도 가끔씩 잘못 판단할 때가 있으니까."

그러더니 제우스가 급히 한마디를 덧붙였다.

"뭐, 그런 경우는 거의 없지만 말이야. 어쨌거나 난 신들의 제왕이잖아!"

아르테미스는 이게 기회다 싶어 고개를 끄덕이며 앞쪽으로 몸을 쓱 내밀었다.

"교장 선생님, 혹시 다른 소문은 못 들으셨어요? 여학생들이 올림픽에 참가하고 싶어 한다는 소문 말이에요."

곧바로 제우스의 눈동자에 혼란스러운 빛이 어렸다. 제우스는 들고 있던 번개 트로피를 내려놓았다. 교장실에는 소름 끼치는 정적만이 맴돌았다. 아르테미스는 신들의 제왕 제우스에게 배짱 좋게 군 대가로 이제 온몸이 산산조각 나 버리려나 하고 생각했다. 그때 제우스가 갑자기 싱글벙글 웃더니 재미있다는 듯이 눈동자를 반짝이며 말했다.

"아하, 알았다! 농담이구나, 그렇지? 좋아, 내가 미끼를 물어주마. 난 그런 소문은 못 들었단다."

제우스는 어서 농담을 마저 던져서 허를 찔러 보라는 듯이 아르테미스를 빤히 쳐다보며 다음 말을 기다렸다.

"농담이 아니에요! 여자도 운동을 잘한다고요. 그런데 왜 여자는 올림픽 경기에 참가하면 안 되는 거예요?"

제우스는 다시 혼란스럽다는 얼굴이었다.

"왜 올림픽 경기에 나가고 싶은 거지? 여학생이 아틀라스보다 더 무거운 걸 들 수 있니? 아니면 거인이랑 레슬링을 할 수 있을까?"

"그런 건 아니지만……."

"가능할 리가 없잖아."

제우스가 아르테미스의 말을 자르며 고개를 가로저었다.

"올림픽에 여자가 참가할 수 없는 건 다 이유가 있어. 그건 바로 신들의 제왕이자 하늘을 지배하는 자인 내가 여자는 안 된다고 정했기 때문이야."

"하지만……."

제우스는 손을 내밀어 아르테미스의 말을 막고 다시 고개를 가로저었다.

"다 너희를 위해서 그리 정한 거란다. 너도 알다시피 올림픽 경기는 아주 치열해. 다칠 수도 있단 말이야. 여학생들이 마음

껏 참가할 수 있는 다른 경기도 많잖아. 올림픽은 지금도 그렇고 앞으로도 남학생만 참가하는 행사가 될 거다."

제우스는 최후통첩을 하듯이 팔짱을 턱 꼈다. 황금 팔찌가 위협적으로 빛을 발했다.

그러나 아르테미스는 포기하지 않았다. 이 문제는 아르테미스에게 너무나 중요했다.

"힘을 겨루는 경기만 있는 건 아니잖아요. 달리기 같은 건요? 그리고 올해 특별 행사처럼 피톤과 재치를 겨루는 경기는요?"

"그 규칙은 만든 지 이미 오래야. 이제 와서 새삼스레 바꿀 이유를 모르겠구나. 난 너를 포함한 모든 여학생이 올림픽을 즐기는 가장 좋은 방법은 관중석에 앉아서 보는 거라 생각한다."

제우스는 더 말할 것도 없다는 듯 의자를 뒤로 밀더니 〈불멸 운동〉 두루마리 잡지를 펼치고 읽기 시작했다. 반대 팔로는 번개 트로피를 다시 집어 들어 들었다 내렸다 운동을 했다.

똑똑.

"들어가도 될까요?"

여자 목소리였다.

아르테미스와 제우스의 시선이 동시에 문을 향했다. 제우스는 트로피와 잡지를 놓으며 재까닥 자리에서 일어나더니 헤벌쭉 웃었다.

"방해한 건 아닌지 모르겠네요."

금발 머리를 멋지게 손질한 아름다운 여신이 교장실에 들어섰다. 헤라였다.

헤라는 불멸 쇼핑센터에서 '헤라의 해피엔딩'이라는 가게를 운영했다. 아테나의 엄마이자 곤충 파리 모습을 한 여신 메티스가 제우스의 머릿속에서 살다가 파리 친구들과 함께 지내고 싶다며 떠나 버린 뒤, 제우스와 헤라는 학교 댄스파티에서 만나 요즘 부쩍 자주 어울리고 있었다.

"오, 헤라! 어서 와요."

제우스는 서둘러 헤라를 책상 쪽으로 안내했다.

"아르테미스는 지금 나가려던 참이었소."

제우스는 고개를 숙이고 헤라가 들고 있던 뚜껑 덮인 접시의 냄새를 킁킁 맡았다. 달콤한 넥타르의 향기가 아르테미스의 코 끝까지 날아왔다.

"오호, 나에게 주는 거요?"

제우스는 어린아이처럼 신나서 어쩔 줄 몰라 했다.

"히드라 선생님, 여기 숟가락 좀 갖다 주시오!"

제우스가 문을 향해 소리 지르자 헤라가 단호하게 막았다.

"아직 안 돼요. 식을 때까지 기다려야 해요."

헤라는 제우스 곁을 지나서 그릇을 책상에 올려놓더니, 마침 자리에서 일어나 문으로 향하던 아르테미스를 찬찬히 뜯어보았다. 아르테미스는 헤라의 눈길이 자신의 옷에 가 있다는 걸 알고 얼른 옷을 내려다보았다. 분수대에 빠져서 홀랑 젖었다 마른 상태라 옷에 주름이 자글자글했다. 보나 마나 머리도 엉망진창일 게 뻔했다. 아르테미스는 자기 꼴이 얼마나 엉망인지 그때까지 까맣게 잊고 있었다!

"넌 아테나의 친구 아니니?"

헤라가 물었다.

아르테미스는 고개를 끄덕이며 최대한 옷의 주름을 펴고 손가락빗으로 엉킨 머리카락을 쓸어내렸다.

'헤라 님이 노크하기 전에 교장 선생님과 내 이야기를 얼마나 들으셨을까?'

아르테미스는 궁금증이 일었다. 그러나 헤라는 둘의 이야기를 들었다 하더라도 그에 대해 딱히 말을 꺼내지 않았다. 그저 아르테미스에게 방긋 웃으며 인사만 건넬 뿐이었다.

"다시 만나서 반갑구나."

"저도요."

아르테미스는 진심이었다. 메티스 여신이 떠난 뒤 제우스 교장 선생님은 기분이 언짢아서 어마어마한 폭풍을 몰고 다녔다. 아직도 학교 뜰에 그때 떨어진 번개 자국이 가득했다. 그런데 헤라와 가깝게 지내면서 제우스의 기분은 백팔십도 달라졌다.

아르테미스는 교장실을 나오자마자 곧장 기숙사 방으로 가서 옷부터 갈아입었다. 올림픽이 시작되기 고작 사흘 전에 오랜 전통을 바꿀 수 있을 거라 생각하다니, 너무 비현실적인 바람이었다는 후회가 들었다. 남학생과 힘을 겨루면 여학생이 다칠 수 있다는 교장 선생님의 말도 일리가 있었다. 게다가 남학생은 일 년 내내 훈련했으니 며칠 만에 여학생들이 따라잡을 수도 없었다.

'흠, 따라잡기에는 너무 늦었단 말이지. 아하, 바로 그거야!'

아르테미스는 갑자기 좋은 생각이 번쩍 떠올랐다. 그 방법이면 일을 바로잡고 모두가 공평해질 수 있을 것 같았다.

'이렇게 간단한 방법이 있었다니! 왜 이 생각을 못 했지?'

"내가 조금 전에 어디에 있었는지 들으면 깜짝 놀랄걸?"

아르테미스는 늘 앉는 식탁에 쟁반을 턱 내려놓으며 친구들에게 말을 걸었다.

페르세포네는 넥타르로니를 한술 뜨려다 말고 아르테미스를 쳐다보았다.

"어디 있었는데?"

"교장실."

아르테미스는 암브로시아 샐러드 접시를 옆으로 밀어놓고 넥타르 컵에 빨대를 꽂았다.

아테나는 살펴보던 두루마리 교과서를 내려놓더니 걱정스러운 듯이 물었다.

"무슨 문제가 생긴 거야? 어휴, 파마가 오늘 일에 대해서 입을 다물고 있지 못할 줄 알았어. 원한다면 내가 아빠한테 사정을 말해 볼게. 악타이온이 당해도 싸게 굴었다 말할 거야. 어쨌거나 누가 다친 것도 아니고……."

"잠깐!"

아르테미스는 손을 번쩍 들며 외쳤다.

"문제가 생기거나 한 거 아니야. 내가 일부러 교장 선생님을 찾아간 거야!"

그 말에 아르테미스의 친구들은 깜짝 놀라 입을 딱 벌렸다.

"왜?"

아프로디테가 먼저 물었다. 입을 쩍 벌리고 있는데도 미의 여신 아프로디테는 아름답게만 보였다.

아르테미스는 먼저 넥타르를 한입 마시며 목을 축이고서 말을 꺼냈다.

"여학생도 올림픽에 참가할 수 있게 해 달라고 교장 선생님을 설득하러 갔어."

"오, 신이시여! 너 미쳤니?"

아프로디테는 저도 모르게 목소리가 올라갔다.

"그래서 받아들이셨어?"

페르세포네가 물었다.

아르테미스는 어깨를 으쓱하며 친구들의 질문에 한꺼번에 대답했다.

"아니, 그리고 아니."

그러자 아테나가 대꾸했다.

"그럼 그렇지. 아빠가 마음에 들어 하는 생각은 본인 생각뿐이시지."

아테나는 잠시 말이 없다가 한마디를 덧붙였다.

"음, 요즘은 헤라 여신님의 생각도 좋아하실 것 같아."

"어쨌거나 여기 오는 길에 교장 선생님도 절대 거절하시지 못할 만한 새로운 생각이 떠올랐어."

"그래, 그렇겠지."

아프로디테는 건성으로 대답하며 시큰둥한 반응을 보였지만 아르테미스는 아랑곳하지 않았다.

"얘들아, 교장 선생님이 여학생을 경기에 참가시키지 않는 가장 큰 이유는 이거야. 선수들끼리 신체 접촉을 해야 하는 운동에서 남학생이랑 겨루다가 크게 다칠 수 있다는 거지."

페르세포네가 고개를 끄덕였다.

"옳은 말씀이야."

"그래. 그래서 난 새로운 방법을 생각했어."

아르테미스는 열을 내며 말을 이었다.

"우리끼리 여학생만을 위한 올림픽을 여는 거야!"

식탁에 잠시 침묵이 흘렀다.

"어때?"

아르테미스가 친구들에게 대답해 보라는 듯이 물었다.

"어째 환호성이 없니? 다들 좋아서 열광해야 하는 거 아냐?"

처음에는 아폴론이 아르테미스 편을 들지 않더니 이제 친구들까지 등을 돌리는 분위기였다!

아테나가 먼저 입을 열었다.

"아빠가 그 생각을 받아들일 거라 생각하는 이유가 뭐야?"

"그야 교장 선생님한테 허락을 구하지 않을 거니까. 그냥 밀어붙이는 거지."

그 대답에 아테나는 영 자신 없다는 눈치를 보였다.

"음, 난 굉장히 근사한 생

각 같아."

페르세포네가 한마디 하자 아테나도 자기 입장을 밝혔다.

"나도 좋은 생각인 것 같아. 단지 아빠가 동의할 지 확신이 없을 뿐이야. 게다가 사흘 뒤면 올림픽이 열리잖아. 그때까지 준비하기란 불가능해."

아프로디테가 천천히 입을 열었다.

"맞는 말이야. 경기 연습도 해야 하고, 다른 학교 여학생한테 소문도 퍼뜨려야 할 거야. 자고로 경기란 불꽃 튀는 경쟁이 있어야 제맛이잖아! 할 거면 제대로 해야지."

'야호!'

아르테미스는 속으로 쾌재를 불렀다. 천상 여자 타입인 여학생에게 여자끼리 운동 경기를 열겠다면 비웃겠지만, 일단 아프로디테가 하겠다고 나서면 그들도 무조건 관심을 가질 게 분명했으니까.

"준비하는 데 몇 달은 걸릴 거야."

페르세포네는 생각에 잠긴 채 말을 이었다.

"하지만 남학생 올림픽과 일정을 달리 한다면, 자기네 경기에서 인원을 빼앗지 않을 테니 남학생들도 군소리 없을 거야, 그렇지?"

아르테미스가 맞장단을 쳤다.

"그렇지! 그리고 걔네가 싫다고 하든 말든 무슨 상관이야?"

"그래, 우리가 얼마나 진지하게 임하는지 보면 아빠도 이해해 주실지 몰라."

아테나는 한층 열성을 보였다. 아르테미스는 아테나의 예상이 들어맞기를 진심으로 바랐다.

"일단 한번 해 보는 거야."

친구들과 밤에 다 같이 기숙사에 모여서 경기 계획을 짜기로 약속한 뒤, 아르테미스는 주위를 돌아보며 아폴론을 찾았다.

'이젠 기분이 좀 나아졌을지도 몰라. 어쩌면 나한테 그런 식으로 말해서 미안하다고 사과할 마음을 먹고 있을지도 모르지!'

그러나 불행히 아폴론의 모습은 어디에서도 보이지 않았다.

아르테미스는 흘긋 악타이온의 뒷모습을 보았다. 악타이온은 포세이돈, 하데스와 같은 식탁에 앉아 있었다. 아폴론은 아르테미스의 행동이 '용서받지 못할 짓'이라고 했다. 시간이 지나고 화가 가라앉자 아르테미스도 어쩌면 아폴론의 말이 맞을지도 모른다는 생각이 들었다. 아무래도 악타이온한테 사슴으로 변신시켜서 미안하다고 사과를 해야 할 것 같았다. 그러나 악타이온에게 먼저 말을 걸 만큼 마음의 준비가 된 건 아니었다. 더구나 주변에 다른 남학생이 있어 더 망설여졌다.

아르테미스는 식사를 마치고 쟁반을 비우러 가다가 디오니소스와 마주쳤다. 디오니소스는 아폴론의 룸메이트로 늘 재밋거리를 찾아다니는 장난꾸러기였다.

"디오니소스, 혹시 아폴론이 어디 있는지 아니?"

"내가 기숙사에서 나올 때만 해도 키타라 연습을 하고 있었어."

아폴론은 현이 일곱 줄 달린 악기 키타라의 달인이라서 디오니소스와 함께 밴드 천상천하를 만들어 학교 댄스파티 때마다 음악을 연주했다.

"그런데 저녁은 안 먹고 산책이나 갈까 하더라고. 심각하게 고민해 볼 문제가 있다나?"

곧바로 아르테미스의 머릿속에 물음표가 떠올랐다.

'어, 그건 좀 이상한데.'

남자애들이 으레 그렇듯이 아폴론은 늘 배고파 했고, 특히 운동을 하고 난 뒤에는 더 그랬다. 아폴론은 결코 식사를 거르는 법이 없었다.

"고마워."

아르테미스는 디오니소스에게 인사를 건넨 후 대리석 계단으로 향했다. 개들을 데리고 나와 산책을 할 작정이었다. 산책을 하다 보면 '우연히' 아폴론과 마주칠지도 모르기 때문이었다. 아르테미스는 계단을 성큼성큼 뛰어올라 4층으로 갔다. 방문을 열자 사냥개들이 펄쩍펄쩍 뛰고 꼬리를 흔들며 아프로디테를 맞았다. 아르테미스는 너털웃음을 터뜨렸다.

"그래, 그래. 우리 산책 갈 거야."

아르테미스는 산같이 쌓인 빨랫감, 개 장난감 무더기, 오래전에 내버린 숙제 사이를 헤치다 결국 방 반대편 끝에서 활을 찾아 집어 들었다. 그리고 책상에 쌓여 있는 두루마리 교과서 더미 아래를 뒤져 화살집을 찾아냈다. 아르테미스는 가죽에 멋진 무늬를 새겨 만든 화살집을 메고 소리쳤다.

"좋았어. 애들아, 가자!"

학교 현관의 청동 문을 빠져나온 아르테미스는 눈을 꼭 감고 마음의 눈으로 아폴론의 모습을 보기 위해 정신을 집중했다. 그런 다음 어릴 때 아폴론과 둘이서 만든 주문을 외웠다.

넌 나의 핏줄, 넌 나의 친구
실마리를 주렴, 모습을 보이렴!

아르테미스와 아폴론은 이 방법으로 늘 서로를 찾을 수 있었다. 물론 상대방이 모습을 보여 주려는 '의지'가 있어야 가능했다. 곧 아르테미스의 머릿속에 익숙한 숲 속의 풍경이 빙글빙글 돌며 나타났다. 그리고 어떤 생명체가 잽싸게 움직이는 모습이 보였다. 다리가 여덟에, 몸은 딱딱한 껍질로 둘러싸여 있으며, 게처럼 집게발이 달려 있었다.

'윽, 괴물 전갈이잖아!'

지금 막 마음의 눈으로 본 광경이 펼쳐질 만한 장소는 딱 한 군데밖에 없었다. 바로 인간 세상에 있는 야수의 숲이었다.

'흠, 아폴론이 거기 있구나!'

엄밀히 따지면 학생은 수업 시간 말고 야수의 숲에 드나들 수 없었다. 그러나 야수의 숲은 사실상 인간한테만 출입 금지 구역이었다.

'그래도 그렇지, 거길 혼자 가다니 무슨 바보 같은 짓이람? 자칫하면 위험에 빠질 수도 있는데. 내가 야수학 시간에 직접 겪어 봐서 알지!'

올림포스 학교 학생은 야수학 실습 수업으로 가끔 야수의 숲에서 미노타우로스나 게리온, 초대형 전갈 같은 괴물을 사냥해야 했다.

"여기서 기다려!"

아르테미스는 사냥개들에게 명령을 내리고 학교로 다시 뛰어가 공용 바구니에서 날개 샌들 한 켤레를 집어 들었다. 마침 로비 탁자에 선수들이 먹을 군것질거리가 놓여 있기에 무화과 과자와 사과를 몇 개 집어 호주머니에 쑤셔 넣었다. 아르테미스가 아는 한, 서로 만나게 될 때쯤 아폴론은 배가 고파서 절절매고 있을 게 분명했다.

아르테미스는 다시 학교 밖으로 나와서 날개 샌들을 신었다. 이내 샌들 끈이 발목을 휘감고 뒤꿈치의 은색 날개가 파닥였다. 아르테미스는 학교 뜰을 쏜살같이 가로질러 야수의 숲으로 달려 내려갔다. 사냥개들도 아르테미스와 속도를 맞추느라 최선을 다하며 열심히 달렸다.

인간 세상에 도착하자 아르테미스는 야수의 숲 가장자리에서 속도를 늦추고 사냥개들이 따라올 수 있도록 기다렸다. 가느다란 초승달만이 희미한 빛을 발할 뿐 하늘이 급속히 어두워지고 있었다.

'흠, 길을 찾으려면 햇불이 필요하겠어.'

아르테미스는 화살집에서 은 화살을 꺼내 화살대를 따라 숨을 후 불며 달의 힘을 불러냈다. 그러자 화살 깃이 푸르스름하게 빛나더니 그 빛이 화살대를 타고 올라 화살촉까지 이어졌다. 이제 은 화살은 어두운 밤길을 충분히 밝힐 수 있을 만큼 환하게 빛나는 햇불이 되었다. 사냥의 여신이자 달의 여신이라는 건 이럴 때 꽤나 유리했다!

아르테미스는 보통 걸음으로 걸을 수 있도록 얼른 샌들 끈을 풀어 은색 날개에 감았다. 그러고는 화살 햇불을 높이 들고 천천히 숲 속으로 들어섰다. 아르테미스의 사냥개들이 바짝 뒤를 쫓았다.

이따금씩 멀리서 정체를 알 수 없는 짐승이 길게 울부짖는 소리가 들렸다. 아르테미스는 무척 용감한 여신이지만 그래도 그 소리에 소름이 쫙 끼쳤다. 사냥개들 역시 소리가 날 때마다 귀를 쫑긋 세우고 바짝 긴장했다. 아르테미스가 사냥과 달의 여신이라지만, 그렇다고 괴물이 어슬렁거리는 어두운 숲 속에서 돌아다니는 걸 즐기지는 않았다. 물론 그 괴물이 야수학 선생님이 고안해 낸 가짜인 걸 알아도 무섭기는 마찬가지였다. 게다가 이미 한 번 기계가 고장 난 적이 있으니 언제라도 다시 문제를 일으킬 수 있었다.

아르테미스는 사냥개들을 힐끗 쳐다보았다. 갑자기 제우스의 이름을 거꾸로 해서 이름 붙인 수에즈가 고개를 들더니 냄새를 킁킁 맡았다. 그러고는 목젖을 울리며 낮게 으르렁거렸다.

"수에즈, 왜 그래?"

아르테미스가 속삭여 물었다. 다음 순간 아르테미스는 오른쪽으로 10미터쯤 떨어진 곳에 사자의 몸에 독수리의 날개를 단 괴물이 꼼짝 않고 서 있는 걸 발견했다.

'그리핀이야!'

괴물이 가짜이며 지금은 기계가 작동하지 않는다는 것도 알지만, 아르테미스는 소스라치게 놀라 기절할 것만 같았다. 아르테미스는 사냥개들과 함께 그리핀 곁을 살금살금 지나 더 깊은 숲 속 으로 들어갔다.

사방이 고요하기만 한데, 아르테미스가 그만 나뭇가지를 밟고 말았다.

빠직!

피융!

금 화살이 아르테미스의 귀 옆을 스치고 지났다. 화살은 쌩하고 날아가며 놀랍게도 천상천하 밴드의 노래를 불렀다.

우리 결코 헤어지지 않을 거예요.
그대가 내 심장을 꿰뚫었으니까요!

세상에서 노래를 부를 수 있는 화살을 가진 자는 오직 아폴론 뿐이었다! 아폴론은 지난 생일 때 친구들로부터 그 특별한 화살을 선물 받았다.

"오, 신이시여!"

아르테미스는 얼른 몸을 숙이며 소리쳤다.

"그만둬, 아폴론! 나야, 나!"

아폴론의 화살이 빗나가서 다행이었다. 화살촉을 마법의 연못에 담갔다 뺐기 때문에 화살에 맞아도 실제로 다치는 일은 없지만 맞은 자리는 고통스럽기 때문이었다.

"아르테미스?"

아폴론은 아르테미스 쪽으로 달려오며 걱정스러운 목소리로 물었다.

"여기서 도대체 뭐 하는 거야?"

"널 찾고 있었지!"

아르테미스는 툴툴거리며 자리에서 일어나 아폴론의 얼굴 앞에 빛나는 화살을 흔들었다.

"나 못 봤어?"

"미안해. 괴물인 줄 알았어! 여기 오면 어쩐지 조마조마해지잖아."

아폴론은 어떻게 자신을 찾았는지에 대해서는 물어보지도 않았다. 아폴론도 종종 둘 사이의 특별한 '육감'과 주문을 써서 아르테미스를 찾았기 때문이다.

"여긴 왜 온 거야?"

아르테미스가 물었다.

한편 아르테미스의 사냥개들은 아폴론이 나타나자 좋아서 어쩔 줄 몰랐다. 펄쩍펄쩍 뛰고, 신나게 얼굴과 손을 핥는 모양 새가 마치 아폴론을 한 시간이 아니라 백 년 만에 본 것 같았다. 아폴론은 쭈그리고 앉아서 수에즈의 머리를 토닥인 다음, 한 손으로는 앰비의 등을 쓰다듬고, 다른 손으로는 넥타의 귀밑을 긁어 주었다.

"난 어……. 화살에 길을 들이는 중이었다고 할까?"

아르테미스는 한쪽 눈썹을 추켜세웠다.

"그걸 하러 여기까지 올 필요는 없을 텐데? 학교 과녁으로도 충분히 연습할 수 있잖아."

아폴론은 입술을 잘근잘근 씹었다. 또 뭔가 설득력 떨어지는 이유를 대려는 모양이었다.

"어……."

"됐거든. 넌 거짓말을 하면 너무 티가 나."

아르테미스가 무릎에 묻은 흙을 툭툭 털며 대꾸하자 아폴론은 어깨를 축 늘어뜨렸다.

"나도 알아. 저주도 이런 저주가 없지."

아폴론은 예언의 신이자 진실의 신이기 때문에 거짓말을 하고 싶어도 할 수가 없었다.

"꼭 알아야겠다면 말해 줄게. 난 여기서 괴물들과 재치를 겨루고 있었어. 농담도 좀 주고받고 말이야."

아르테미스는 인상을 팍 썼다.

"작동도 하지 않는 괴물이랑 농담을 주고받았다고?"

그러자 아폴론은 버럭 성질을 내며 쏘아붙였다.

"네가 상관할 바가 아니잖아. 어쨌거나 난 연습 중이었어. 그래야 파르나소스의 피톤을 무찌를 거 아냐."

아르테미스는 경악하며 입을 딱 벌리고 아폴론을 빤히 쳐다보았다.

"너 피톤오톤에 참가하겠다는 거야?"

"그래, 그게 어때서?"

"음, 비난하려는 뜻은 아니야. 하지만 넌 수수께끼라면 꽝이잖아."

아르테미스는 말을 줄줄 늘어놓았다.

"나도 그 안내문 봤어. 피톤은 거대한 뱀이야! 눈 깜짝할 사이에 네 목숨을 앗아가 버릴 수도 있다고. 이 숲에 있는 괴물처럼 가짜가 아니란 말이야!"

"내 이럴 줄 알았어. 이래서 내가 너한테 말을 안 한 거야."

아폴론은 거세게 불평했다.

"어떻게든 날 설득해서 못 하게 하려 들 줄 알았다고."

아폴론은 몸을 숙이고 은색 날개에 감아 두었던 샌들 끈을 풀었다. 은색 날개가 부드럽게 파닥였다.

"그야 아폴론 네 생각이 너무 터무니없으니까 그렇지!"

아르테미스도 대꾸하면서 샌들의 날개를 자유롭게 풀었다. 이어 아르테미스는 휘파람을 불어 사냥개들에게 따라오라고 신호했다. 곧 쌍둥이 남매와 세 마리 사냥개는 야수의 숲을 떠나 올림포스 학교로 향했다.

"규칙 상 난 올림픽에서 적어도 한 경기는 참가해야 해."

아폴론은 아르테미스와 나란히 달리며 설명을 이었다.

"네가 뭐라고 생각하든 난 피톤오톤에서 우승할 가능성이 가장 크다고 봐."

아폴론은 인상을 쓰며 길 앞의 나뭇가지를 피하려고 왼쪽으로 휙 움직였다.

"올림픽 경기에 활쏘기가 들어 있다면 내가 우승할 수도 있겠지. 하지만 너도 나만큼 실력이 좋잖아. 난 너와 연관되지 않은 분야에서 나 자신을 증명하고 싶어. 내 스스로 어떤 일을 해낼 수 있는지 알고 싶다고!"

아폴론을 바짝 뒤쫓던 아르테미스도 왼쪽으로 움직였다. 아르테미스는 아폴론이 한 말이 영 마음에 들지 않았지만 그래도 무슨 뜻인지는 알았다.

"피톤오톤에서 겨루려면 힘도 엄청 세야 할 거야."

아르테미스의 경고에 아폴론은 불쾌한 듯 다시 쏘아붙였다.

"헤라클레스 정도 되어야 나갈 만하다는 거야?"

길이 점차 넓어지자 아르테미스는 아폴론 곁으로 다가갔다. 그리고는 화살 횃불을 가까이 들이대고 아폴론의 얼굴을 물끄러미 살펴보았다.

"설마 너 헤라클레스를 질투하는 건 아니지? 그 앤 인간이야. 넌 신이고."

"당연히 안 하지!"

아폴론은 그 말을 지나치게 빨리 뱉었다.

"하지만 이 부근에서 내 업적이 그려져 있는 신전을 본 적 있어? 그런데 교장 선생님의 새 신전에는 사방이 헤라클레스의 업적으로 뒤덮여 있단 말이야!"

아르테미스는 아폴론과 얼굴을 마주할 수 있도록 뒤로 휙 돌아서 거꾸로 달리기 시작했다.

"아하, 결국 그거였구나! 네 신전을 갖고 싶은 거였어!"

그러자 아폴론은 아르테미스를 부루퉁하게 쳐다보며 쏘아붙였다.

"그럴 수도 있지. 넌 안 그래?"

"내 신전이 있다면야 나도 좋겠지. 하지만 나한테 참가 자격이 주어진다 해도 난 그런 미친 짓은 하지 않을 거야. 설사 나만의 신전이 생긴다 하더라도 말이야!"

아폴론은 아주 영리하지만 거짓말을 못 하는 천성이 교활한 뱀과 겨룰 때 큰 약점으로 작용할 게 분명했다. 소문에 따르면 피톤은 거짓말을 천연덕스럽게 하고 무자비하기 짝이 없다고 했다. 그러니 아르테미스로서는 당연히 동생이 피톤과 맞서지 않기를 바랐다!

하지만 아폴론은 아폴론대로 고집을 꺾지 않았다.

"신전을 가진다는 건 존경을 받는다는 뜻이야. 아, 부탁인데 그렇게 뒤로 달리지 마. 위험하단 말이야."

아르테미스는 휙 돌아서서 다시 앞으로 날았다.

"아폴론, 넌 신이야. 그냥 있어도 존경을 받을 거라고. 그런데 대체 누구한테 그렇게 깊은 인상을 심어 주려는 거야? 좋아하는 여자애라도 있는 거니?"

순간 아폴론의 얼굴이 벌게졌다.

"아냐! 숙여!"

"엉?"

아르테미스는 어리둥절했다.

'숭어라고? 물고기한테 감명을 주려 한다는 거야?'

아폴론은 팔을 뻗어 아르테미스를 붙잡고 아래로 잡아당겨 몸을 숙이게 했다. 바로 그때 낮게 드리운 가지가 둘의 머리 위를 휙 스치고 지나갔다.

"아, 숭어가 아니라 '숙여.'라고 했구나. 고마워."

아르테미스는 다시 몸을 쭉 폈다.

"난 지금 당장은 여자애한테 관심 없어. 그 사건이 있고부터는……."

아폴론은 말을 흐렸다. 재앙으로 끝나 버린 첫사랑을 떠올리는 게 틀림없었다. 사냥을 잘했던 님프 다프네는 아폴론한테서 벗어나려고 아예 월계수로 변해 버렸다. 그냥 널 좋아하지 않는다고 말만 해도 됐을 텐데!

숲에 사는 님프는 아르테미스의 보호 아래에 있기 때문에 아르테미스는 그 사건이 생겼을 때 더 안타까웠다. 님프는 때때로 너무 지나치게 충동적이었고, 아르테미스가 그런 행동을 막을 방법은 없었지만. 사실 아르테미스의 첫사랑도 재앙이나 다름없었다.

아르테미스는 오리온을 떠올리며 나직하게 말했다.

"너만 사랑에 젬병인 게 아냐."

둘 사이에 침묵이 내려앉았다. 어색한 분위기를 깨려는 듯 마침 아폴론의 배가 꼬르륵 하고 천둥소리를 냈다.

"어우, 배고파 죽겠어."

아폴론이 투덜거리자 아르테미스는 챙겨 온 사과와 과자가 떠올라 속도를 늦추었다.

"잠깐만. 내가 먹을 걸 좀 가져왔어."

"고마워."

아폴론도 속도를 늦추더니 정말로 고마워하며 간식거리를 받아 들었다. 그러고는 계속 날아가면서 무화과 과자 두서너 개를 한번에 입에 쑤셔 넣고, 사과도 우적우적 베어 먹었다.

"저녁 식사 때 네가 안 보이기에 배가 고플 거라고 짐작했지. 내가 먹을 걸 가져와서 다행이지? 안 그래?"

아폴론은 사과 한입을 꿀꺽 삼키더니 말했다.

"아르테미스, 저기 말이야."

아폴론의 목소리는 무척 진지했다.

"먹을 걸 가져와서 고마워. 진심이야. 그리고 날 챙겨 주는 것도 고마워. 넌 내게 늘 세상에서 가장 믿음직한 누나야. 하지만……."

아폴론은 잠시 말이 없었다.

"하지만 뭐?"

아르테미스가 재촉하며 물었다.

아폴론은 어깨 너머로 뼈만 남은 사과 속을 휙 던졌다. 아르테미스의 사냥개 중 한 마리가 냉큼 그걸 물었다가 뼈다귀가 아니라 실망했는지 바닥에 떨어뜨렸다. 아폴론이 마침내 다시 말을 이었다.

"부탁하는데, 그렇게 지나치게 도와주지 말았으면 해. 가끔 넌 자기 자신을 누나가 아니라 엄마라고 여기는 게 아닐까 싶을 정도야!"

아르테미스는 고개를 옆으로 돌리고 화살 횃불에 비친 아폴론의 얼굴을 빤히 쳐다보았다. 사실 아르테미스는 마음이 너무 상해서 그대로 달아나고 싶었다. 이런 대화는 아예 있지도 않은 척하고 싶었다. 그러나 그건 아르테미스의 방식이 아니었다.

아폴론은 갑갑한지 검은 머리칼을 벅벅 긁었다.

"아르테미스, 내가 가끔은 네 도움을 '바라지 않는다'고 생각해 본 적 없어?"

"그럼 그 마지막 사과 도로 이리 내!"

아르테미스가 매섭게 쏘아붙이며 사과로 손을 뻗었다. 그러자 아폴론이 씩 웃으며 사과를 뒤로 빼 얼른 한입을 베어 물며 말했다.

"요 다음부터는 돕지 말라고."

"좋아. 이제 다시는 널 돕지 않을게. 약속해."

아르테미스는 내심 아폴론이 그 말을 듣고 펄쩍 뛸 거라고 생각했다. 그러나 아폴론이 아무런 대꾸를 하지 않자 가슴이 철렁 내려앉았다.

다시 길이 좁아지자 두 쌍둥이는 한 줄로 움직였다. 아폴론이 선두에 나섰다. 길이 도로 넓어질 즈음 올림포스 학교의 불빛이 보였다. 사냥개 세 마리를 뒤에 단 채 아르테미스와 아폴론은 도착할 때까지 한마디도 없이 움직였다. 누가 보면 서로 모르는 사이인 줄 알았으리라!

6
여자끼리

아르테미스는 여학생 기숙사 문을 열고 복도를 지나 자기 방으로 갔다. 사냥개들은 혀를 쭉 빼문 채 숨을 헐떡이며 뒤를 따랐다. 올림포스 학교로 돌아오는 동안 쌍둥이 남매와 속도를 맞추며 달리느라 꽤나 지친 모양이었다. 방에 들어서자 사냥개들은 물과 사료가 담긴 그릇으로 서둘러 다가갔다. 그러더니 어느새 반대편 침대에 뛰어올라 몸을 옹크리고 잘 자세를 취했다.

잠시 후 아프로디테가 노크를 하더니 문을 열고 고개를 쏙 들이밀었다.

"네가 돌아오는 소리가 나더라고."

그러고 보니 페르세포네도 아프로디테 뒤에 서 있었다. 아프로디테가 말을 이었다.

"내 방에서 아테나랑 셋이서 우리만의 올림픽에 대한 얘기를 하고 있었어. 너도 올래?"

페르세포네가 과자 한 조각을 들어 보이며 덧붙였다.

"간식도 있어."

페르세포네는 입에 과자를 쏙 집어넣더니 와그작 씹어 먹었다. 그 소리에 아르테미스의 개들이 벌떡 일어났다. 게다가 녀석들은 '간식'이라는 말을 정확히 알고 있었다. 세 마리 사냥개가 침대에서 펄쩍 뛰어내려 세 여신 곁을 미끄러져 지나가더니 순식간에 아프로디테의 방으로 달려갔다. 그러자 세 여신도 부리나케 뒤를 쫓았다.

"앰비, 안 돼! 벡타, 멈춰! 수에즈, 앉아!"

아르테미스가 소리쳤지만, 간식 사냥에 나선 사냥개들은 그대로 열린 문을 지나 아프로디테의 방으로 뛰어들었다. 방에 있던 아테나는 침대에 올려놓았던 과자 그릇과 암브로시아 소스를 구해 보려 버둥거렸다. 그러나 개들 등쌀에 결국 바닥에 그릇을 쫙 엎지르고 말았다. 아르테미스가 아는 학생

중에 아프로디테만큼 깔끔한 이가 없는 만큼, 아프로디테는 이 모습을 그다지 반기지 않을 게 뻔했다.

아르테미스는 얼른 개들을 모아 다시 방으로 데리고 갔다.

"아까 일은 미안해."

아르테미스가 아프로디테의 방으로 돌아와 사과를 했다.

"난 저 녀석들을 정말 좋아해. 그렇지만 누구도 저 녀석들의 식탐을 막을 수는 없어!"

다 같이 바닥에 쏟아진 간식과 소스를 치우는 사이 페르세포네가 아르테미스에게 물었다.

"어디 갔다 왔니?"

그러자 아프로디테도 가볍게 한마디를 더했다.

"그래, 저녁 먹고 나서 식당에서 급하게 나가더라?"

아르테미스는 어깨를 으쓱했다.

"개들 산책을 시켜야 했어, 그래서……."

"꽤 오랫동안 나가 있었지."

아프로디테가 말을 자르며 끼어들더니 페르세포네, 아테나와 셋이서 뭔가 의미심장한 눈빛을 교환했다. 아르테미스는 친구들의 표정을 어떻게 해석해야 할지 몰랐다.

아프로디테가 다시 물었다.

"그래서 산책은 잘했어?"

청소를 마친 아르테미스는 빈 침대에 풀쩍 뛰어올라 빨간 벨벳 이불에 드러누웠다.

"그래, 그런 것 같아."

아르테미스는 친구들의 얼굴을 찬찬히 살폈다.

'어라, 애들이 왜 이러지?'

아프로디테가 완벽하게 손질된 손톱을 들여다보면서 말을 툭 던졌다.

"산책 가서 누굴 만난 건 아니고?"

아테나는 싱글벙글 웃으며 새 과자 봉지를 열었다.

"예를 들어 잘생긴 남자애라든가?"

아테나, 아프로디테, 페르세포네는 기대에 가득 찬 눈으로 아르테미스를 말똥말똥 쳐다보았다.

'오, 신이시여!'

아르테미스는 눈을 데굴데굴 굴렸다. 아르테미스가 자리를 비운 동안 친구들이 뭔가 낭만적인 시나리오를 쓴 모양이었다. 그러나 아르테미스가 산책 때 실제로 겪은 일과 그 시나리오는 지구와 달만큼 거리가 멀었다. 때로 친구들은 짜증 날 만큼 남자 친구 문제에 관심이 많았다. 특히 아프로디테가 그랬다. 물론 사랑의 여신이니 당연한 일이지만 말이다.

아르테미스는 손을 뻗어 과자를 집었다.

"어떻게 알았어?"

아르테미스는 과자를 한 움큼 집어 입에 털어 넣었다.

와그작!

"내 그럴 줄 알았다니까!"

아프로디테가 환성을 올렸다.

"누구야? 말해 봐!"

"음, 그 애는……."

아르테미스는 과자를 우걱우걱 씹으며 대답했다.

"키가 크고, 까무잡잡한 데다, 잘생겼어."

그러자 아테나가 받아쳤다.

"그 설명이라면 올림포스 학교 남학생의 절반 이상이 해당되거든?"

페르세포네는 아르테미스를 살살 꼬드겼다.

"아르테미스, 빨리, 이름 좀 대 봐."

아르테미스는 과자를 꿀꺽 삼키고 넥타르도 벌컥벌컥 들이키며 일부러 친구들을 기다리게 했다.

"정말 알고 싶어?"

아르테미스는 친구들의 약을 살살 올렸다.

"듣고 나면 실망할 텐데."

그러자 아프로디테는 눈살을 팍 찌푸렸다.

"아, 이제 막 짜증 나려고 하거든?"

아르테미스는 어깨를 으쓱했다.

"좋아. 분명히 말하는데 난 미리 경고했어. 내가 지금껏 같이 있었던 남자애는 바로……."

아르테미스는 일부러 시간을 끌며 극적인 효과를 더했다.

"아폴론이야!"

아르테미스는 데굴데굴 구르며 까르르 웃었다.

"아유, 너 진짜……!"

여태 놀림 당했다는 걸 깨닫자 아프로디테는 하트 모양 쿠션을 아르테미스의 머리를 향해 던졌다. 아르테미스는 쿠션을 낚아채 도로 아프로디테한테 던졌다. 쿠션이 아프로디테의 가슴팍을 쳤다. 곧 네 여신은 서로 쿠션을 던지고 받으며 신나게 깔깔거렸다.

마침내 웃음이 잦아들자 아테나가 먼저 말을 꺼냈다.

"넌 아폴론이랑 같은 학교에 다녀서 정말 좋겠다."

아르테미스는 아테나가 팔라스 생각을 하나 보다고 짐작했다. 아테나는 인간 세상에서 팔라스와 쌍둥이처럼 지냈는데, 올림포스 학교로 오면서 헤어진 게 못내 아쉬운 모양이었다.

"그래, 쌍둥이 동생이 있으면 재미있을 것 같아."

아프로디테가 부러운 듯이 말했다. 아프로디테는 바다 거품에서 태어나 부모님이 누구인지조차 몰랐다.

페르세포네도 고개를 끄덕이며 한마디를 했다.

"너랑 아폴론은 맨날 어깨를 딱 붙이고 다니잖아."

그러자 아테나가 대꾸했다.

"어깨보다는 머리 쪽이 붙어 있지. 너희 둘이 서로를 찾을 때 쓰는 마음의 눈 말이야, 정말 근사해."

그 말에 아르테미스는 고개를 끄덕였다.

"뭐, 꽤나 쓸모 있기는 하지."

"지금도 아폴론을 볼 수 있어?"

페르세포네가 물었다.

"내가 보겠다고 마음을 먹고, 아폴론이 보도록 허락한다면."

"그럼 아폴론도 마음먹으면 지금 네가 우리랑 같이 있는 걸 볼 수 있어?"

아프로디테는 질문을 던지더니 만약을 대비해 거울에 비친 자기 모습을 슬쩍 확인했다. 이번에는 아테나가 목소리를 확 낮추며 물었다.

"우리 말을 들을 수도 있어?"

친구들은 조금 전까지 마음의 눈이 정말 근사하다 어쩌다 하더니 갑자기 겁을 먹은 것 같았다.

"말소리는 들리지 않아. 그리고 그저 어떤 상황에 있는지 짐작만 할 뿐이야. 그러니 아폴론은 내가 지금 너희랑 있는 걸 알 수 있어. 아까 말했다시피 아폴론이 그러기로 마음을 먹고, 내가 보도록 허락한다면. 그런데 난 보여 주지 않을 거야."

아르테미스는 잠시 말이 없었다.

"아폴론보다는 내가 조금 더 잘하는 편이야. 아마 내가 나이가 더 많아서 그런가 봐. 음, 10분 정도 많은 거지만 어쨌거나 많긴 많은 거니까."

아테나는 새 그릇에 담긴 암브로시아 소스에 과자를 푹 찍어 먹으며 고개를 끄덕였다.

"넌 늘 큰언니처럼 구는 구석이 있어. 대장님, 알아 모시겠습니다!"

친구들이 까르르 웃음을 터뜨렸다. 그러나 아르테미스는 웃음이 나지 않았다. '가끔 넌 자기를 누나가 아니라 엄마라고 여기는 게 아닐까 싶게 군다고!'라고 소리치던 아폴론이 떠올랐기 때문이었다.

'내가 아폴론한테 너무 이래라저래라 하나?'

아르테미스는 그 일에 대해 더 이상 생각하기 싫어서 이야기의 방향을 돌렸다.

"참, 우리 올림픽 경기에 대해 어떤 의견이 나왔니?"

"오! 기대해도 좋아. 내가 완벽한 계획을 세웠으니까!"

아프로디테는 아폴론 일은 금세 잊어버린 채 흥분해서 방방 뛰었다.

"일단 이어달리기 할 때 바통을 넘기는 대신 작은 동물 인형을 넘길 거야."

"어머, 귀엽겠다!"

페르세포네의 눈이 반짝반짝 빛났다. 그러나 아르테미스는 당혹스럽기만 했다.

"어, 글쎄, 난 잘 모르겠네."

아르테미스는 속으로 생각했다.

'친구들의 기분을 망치고 싶지는 않아. 하지만 여자끼리 올림픽을 여는 이유는 남자애들이 여자 운동선수에 대해서 더 진지하게 받아들이도록 하기 위해서 아닌가? 하긴 그건 '나의' 목표구나. 아폴론은 '존중받기'를 원한다고 말했지. 이제 그게 무슨 뜻인지 조금 알 것 같아.'

아프로디테는 아르테미스의 꺼림칙한 반응에도 당황하지 않고 말을 이었다.

"제자리멀리뛰기에는 분홍색 반짝이 모래를 쓰자. 선수가 뛰고 나면 모래가 허공으로 떠올라서 얼마나 멀리 뛰었는지 기록을 보여 주는 거야."

"이야, 정말 멋질 거 같아!"

아테나가 탄성을 질렀다. 그러나 아르테미스가 떨떠름해하는 눈치이자 갈등을 잠재우려는 듯 말을 보탰다.

"그런데 어떤 경기를 할 건지 정하기 전에 일단 이 문제에 대해 다른 아이들한테 지원을 받아야 해. 여학생 올림픽을 원하는 아이가 많다는 걸 알면 아빠도 좀 더 진지하게 고민하실 거야."

그러자 페르세포네가 목청을 높였다.

"애들아, 탄원서를 써서 거기에 학생들의 서명을 받는 거야!"

"좋은 생각이야."

아르테미스도 맞장구를 쳤다. 그때까지만 해도 아르테미스는 친구들이 자기만큼 여학생 올림픽에 관심이 많은지 확신이 없었다. 그러나 친구들이 이렇게 열성적으로 나오는 걸 보니 이 소식을 들으면 다른 여학생도 틀림없이 찬성할 것 같았다.

아프로디테는 손가락으로 턱을 톡톡 두드리며 중얼거렸다.

"여학생 올림픽 말고 좋은 이름 없을까? 좀 밋밋하잖아."

그러자 아르테미스가 나섰다.

"나한테 좋은 생각이 있어! 허로림픽(Her-O-Lympics) 어때?"

친구들은 아르테미스를 멍하니 쳐다보았다.

"아이참, 허(Her)는 영어로 여자를 가리키는 대명사잖아. 거기 오(O)를 더하면 영웅이라는 히어로(Hero)랑 비슷해지지. 뭐, 발음은 좀 다르지만. 어쨌거나 거기에 림픽(Lympics)을 붙여서 '허로림픽'이 되는 거야."

"어……."

아프로디테는 뭐라고 말을 잇지 못했다.

"음."

페르세포네는 우물쭈물하기만 했다.

"마음에 안 들어?"

"앞부분이 기가 차서 '헐' 하는 것 같이 들리지 않아? 신나고 즐거워야 할 운동 경기에 좀 안 어울리는 것 같은데."

"더 좋은 생각 있어?"

아르테미스의 물음에 아무도 별다른 대답을 내어놓지 못했다. 그러다 아테나가 결국 정리에 나섰다.

"좋아. 허로림픽으로 하자! 일단은 그 정도면 될 것 같아."

아르테미스도 거들고 나섰다.

"그래, 이름쯤은 나중에 얼마든지 바꿀 수 있어."

아테나가 다시 이야기를 꺼냈다.

"자, 그럼 서명 운동 이야기를 해 보자. 아까 말했다시피 지지를 충분히 얻지 못하면 허로림픽은 아예 못 해."

아프로디테가 좋아하는 깃털 펜과 분홍색 파피루스를 몇 장 꺼내 오자 네 여신은 머리를 맞대고 탄원서를 만들었다. 탄원서 내용이 완성되자 아르테미스가 복사본을 만들고, 나머지 셋은 눈에 잘 띄도록 포스터를 만들었다.

서명 운동에 참여하세요!
허로림픽이 실현될 수 있도록 도와주세요!

아프로디테와 페르세포네는 포스터가 눈에 더 잘 띌 수 있도록 반짝이 하트와 꽃으로 장식했다. 아르테미스는 공이나 운동복처럼 운동과 관련된 장식을 달면 좋겠다고 생각했지만 입을 꽉 다물고 아무 소리도 하지 않았다.

모든 준비를 마치자 네 친구는 다음 날 방과 후에 만나 탄원서에 서명을 받기로 약속했다.

"남학생도 서명을 할까?"

방을 나서며 아프로디테가 물었다. 그러자 페르세포네가 바로 대답했다.

"하데스는 할 거야."

"헤라클레스도 해 줄 거야."

아테나도 자신 있게 말했다.

아프로디테는 살짝 인상을 찌푸리더니 대답했다.

"꽤나 설득하긴 해야겠지만 아레스도 뭔가 자기한테 이득이 있다는 걸 알면 서명할 거야!"

아르테미스는 아폴론도 서명할 거라고 덧붙이고 싶었다. 그러나 솔직히 그럴지 의문스러웠다. 아르테미스는 늘 아폴론의 지지를 혹은 믿음을 당연하게 받아들였다. 그러나 요즘 들어 아폴론은 너무 까칠하게 굴었다.

'어휴, 서명은커녕 반대나 안 하면 좋겠네!'

7
골칫덩어리

다음 날 아침 아르테미스는 2교시 영웅학 교실로 향하고 있었다. 사냥개들은 여느 때처럼 복도에서 샌들 신은 발 사이를 이리 뛰고 저리 뛰며 학생 피하기 놀이를 했다. 그런데 갑자기 앞에서 고함 소리와 함께 소란이 일었다.

"그래! 한 방 먹여!"

누군가 소리를 지르더니 이어 '퍽!' 하는 소리가 들렸다.

"우아! 진짜 아프겠다!"

또 다른 목소리가 감탄을 터뜨렸다.

아르테미스는 까치발을 하고 서서 싸움 구경을 하는 학생들 너머를 쳐다보았다. 그러나 발끝으로 서도 무슨 일이 벌어지는지 제대로 볼 수가 없었다.

"기다려!"

아르테미스는 개들한테 명령을 내리고서 학생들 사이를 비집고 들어갔다.

'내 이럴 줄 알았어.'

아레스와 포세이돈이 다른 학생의 부추김을 받아 쌍둥이 거인 중 하나와 한판 벌이는 중이었다. 다행히 싸움꾼들 사이에서도, 옆에서 들쑤셔 대는 학생들 사이에서도 아폴론의 모습은 보이지 않았다. 아폴론은 2교시 수업을 반대편 건물에서 듣기 때문이었다.

'아니, 거인이 학교에는 왜 들어온 거야?'

주위를 둘러보니 다른 학교 소속 운동선수도 꽤 싸움 구경을 하고 있었다. 그제야 아르테미스는 올림픽 기간 동안 선수들이 원하면 언제든지 올림포스 학교의 수업을 들을 수 있다는 게 떠올랐다. 이곳에 와 있느라 자기 학교 수업을 빠지게 되니 당연한 처사였다.

"이야, 너 똑똑한 학생 흉내를 꽤 잘 내는걸?"

아레스가 거인의 약을 살살 올렸다.

"또 할 줄 아는 게 뭐 있어?"

아레스와 모여 있던 학생 대부분이 "푸핫!" 하고 웃음을 터뜨렸다. 그러자 거인이 높고 가느다란 목소리로 쏘아붙였다.

"흥, 넌 그나마 똑똑한 학생 흉내도 못 내는구나."

아레스가 다시 빈정거렸다.

"너란 녀석, 목에 걸린 생선 가시처럼 성가셔. 하긴 그래 봐야 멸치 가시 정도밖에 안 되지만."

아레스의 친구들이 또 손뼉을 치며 마구 웃어 댔다.

두 번째 조롱에 열이 뻗칠 대로 뻗친 에피알테스가 와락 앞으로 튀어나왔다. 그러자 아레스는 옆으로 움직여 공격을 피한 다음 "얍!" 하는 기합 소리와 함께 에피알테스를 툭툭 치는 시늉을 했다.

싸움이 벌어지려 하자 아르테미스는 바짝 긴장했다. 바로 어제만 해도 제우스 교장 선생님이 '올림픽 경기는 학생들이 서로 하나가 되어 어우러지도록 하는 데 그 의의가 있는 거다.'라고 했는데!

'어휴, 다들 참 잘도 어우러지고 있네!'

몇몇이 싸움을 말리려 나서는 걸로 보아 아르테미스 말고도 그 상황을 불편하게 여기는 학생이 꽤 있는 것 같았다.

에로스가 소리쳤다.

"얘들아, 그냥 다 같이 잘 지내면 안 될까?"

그러나 그 순간에도 포세이돈이 살금살금 에피알테스 뒤로 다가가고 있었다.

"아싸! 포세이돈, 확 찔러 버려!"

그 말과 동시에 포세이돈이 삼지창으로 에피알테스의 엉덩이를 찔렀다.

거인은 두 손으로 엉덩이를 감싼 채 뒤로 휙 돌아섰다.

"너!"

에피알테스는 포세이돈의 옆구리를 잡아 가볍게 머리 위로 들어 올렸다. 마치 제우스 신이 서랍장을 드는 모습을 같았다.

"야! 내려놔!"

포세이돈이 천장에 머리를 쿵 찧으며 소리쳤다.

"그래, 포세이돈을 당장 내려놔. 네가 정말 원하는 상대는 나잖아!"

아레스가 으름장을 놓았다. 아레스는 에피알테스 주변에서 팔짝팔짝 뛰며 권투 선수처럼 툭 치고 빠지는 시늉을 했다. 그러나 에피알테스는 씩 웃더니 한 손으로는 아레스를 밀어내고 나머지 한 손으로 포세이돈을 빙글빙글 돌렸다. 에피알테스가 지휘봉을 뱅글뱅글 돌리는 고적대 대장이라도 된 것 같았다.

"야! 거인, 이쪽을 봐!"

모여선 학생들 끄트머리에서 메두사가 팔짝팔짝 뛰며 손을 흔들었다. 메두사의 목소리에 복도에 있던 모든 인간 학생이 얼른 연두색 안경알의 스톤글라스를 썼다. 선글라스가 햇빛에서 눈을 보호해 주듯이 스톤글라스는 메두사의 눈총에 몸이 돌로 변하는 걸 막아 주었다.

주의가 흐트러진 에피알테스가 메두사 쪽을 쳐다보았다. 그러자 메두사는 재빨리 에피알테스에게 눈길을 고정한 채 악명 높은 마법의 눈총을 쏘았다. 그런데 아무 일도 일어나지 않았다! 에피알테스는 여전히 포세이돈을 빙글빙글 돌리고 있었다. 눈총 한 번이면 누군가를 돌로 바꿀 수 있는 메두사의 능력은 오직 인간한테만 통했다. 그러나 불행히도 메두사의 눈에 에피알테스는 불멸의 존재로 보인 모양이었다. 사실 영웅학 수업 시간에 배운 대로라면 거인은 거의 불멸의 존재나 다름없었다.

아르테미스는 갑자기 '아폴론이 여기 있었으면 좋았을 텐데.' 하는 생각이 들었다. 그러면 남학생을 구하겠다고 나서는 여학생이 아르테미스만이 아니란 걸 볼 수 있을 터였다. 전날 아르테미스가 아폴론을 구하려 했던 것처럼 메두사도 포세이돈을 구하려고 애썼다.

'하긴 메두사는 오랫동안 포세이돈을 짝사랑했잖아. 우리 학교에서 메두사가 다정하게 대하는 아이는 포세이돈뿐인걸!'

그때 갑자기 바닥이 흔들렸다. 그렇지 않아도 아르테미스는 나머지 거인은 어디로 갔는지 궁금하던 참이었다. 오토스는 복도를 쿵쿵 울리며 다가왔다. 모여 있던 아이들은 혹시라도 오토스한테 밟힐까 봐 양쪽 벽의 사물함에 바싹 붙어선 채 길을 터 주었다.

오토스가 멈춰 선 순간, 영웅학 교실 문이 벌컥 열리더니 키클롭스 선생님이 튀어나왔다.

"무슨 일이냐?"

아레스와 포세이돈만 빼고, 조금 전까지만 해도 싸움을 부추기던 남학생들이 벽에 붙어선 아이들 뒤로 슬그머니 물러섰다.

"쟤가 시작했어요!"

에피알테스가 아레스 쪽으로 고갯짓을 하며 소리쳤다.

"내가 언제 그랬어?"

아레스도 지지 않고 목청을 높였다.

"했잖아!"

에피알테스가 고래고래 소리를 질렀다.

"안 했거든!"

포세이돈이 에피알테스의 머리 위에서 아우성을 쳤다.

오토스는 그 자리에 멍하니 서 있기만 했다. 상황이 하도 뒤죽박죽이라 어떻게 된 일인지 헷갈리는 모양이었다.

키클롭스 선생님이 에피알테스를 가리켰다.

"너, 포세이돈을 당장 내려놓아라."

그러더니 아레스를 가리켰다.

"그리고 너. 뒤로 물러나. 누가 먼저 이 난장판을 벌였는지는 상관없어. 이제 싸움은 끝났으니까."

키클롭스 선생님의 이마에 핏줄이 바짝 서고, 거대한 외눈은 당장이라도 튀어나올 것 같았다.

세 소년은 현명하게 찍소리도 하지 않고 시키는 대로 했다. 에피알테스가 포세이돈을 바닥에 다시 내려놓자 포세이돈과 아레스는 순순히 뒤로 물러났다. 구경꾼들도 조용히 입을 다물고 선생님이 어떻게 나올지 가만히 지켜보았다.

키클롭스 선생님은 먼저 아레스를 향해 인상을 썼다.

"축하한다. 너랑 포세이돈은 이제 교장 선생님과 쌈박하게 데이트를 하게 될 거야."

"하지만 전, 아니 우리는……."

아레스는 변명을 시작하려 했다. 그러나 키클롭스 선생님은 눈도 깜박하지 않고 교장실 쪽 복도를 가리켰다.

"어서 가!"

"예, 선생님."

두 소년 신이 동시에 공손히 대답했다. 그러자 옆에 서 있던 에피알테스는 고소하다는 듯 히죽히죽 웃었다.

아레스는 포세이돈과 함께 터덜터덜 걸어가다가 고개를 돌리고서 모여선 학생들 사이의 누군가를 쳐다보았다. 아르테미스는 무엇 때문에 그러나 싶어 아레스의 눈길을 따라가 보았다. 결과는 그다지 놀랍지 않았다. 그곳에는 아프로디테가 아레스에게 힘내라는 듯이 방긋 웃으며 서 있었다.

'어라? 그럼 아프로디테는 누가 싸움을 시작했는지 처음부터 본 건가?'

아레스는 성미가 불 같았다. 그러나 지금까지 아르테미스가 지켜본 바에 따르면 에피알테스도 괄괄하기는 비슷했다. 따라서 애초에 싸움이 일어난 게 순전히 에피알테스의 탓일 수도 있었다.

메두사가 아르테미스 곁으로 다가오더니 투덜거렸다.

"키클롭스 선생님은 자기도 거인이니까 저 녀석들 편을 드는 거야."

메두사의 뱀들은 잔뜩 흥분한 뒤라 기운이 빠져 보였다. 메두사의 목 언저리에서 한 매듭이 된 채, 졸린 눈을 하고서 머리를 아래로 축 늘어뜨린 모습이 꼭 포니테일 머리 모양을 여러 가닥으로 늘어뜨린 것 같았다.

"그럴 수도 있지. 하지만 선생님은 타이탄 전쟁 때 신들 편에 섰어."

아르테미스는 메두사에게 역사를 상기시켜 주었다. 메두사는 역사학 점수가 썩 좋지 않았다.

"그리고 키클롭스 선생님은 아레스와 포세이돈에게 훨씬 심한 벌을 줄 수도 있었어. 저 거인들은 우리 학교 손님이라고!"

"그러건 말건."

툴툴거리는 품새로 보아 메두사는 아르테미스의 말을 별로 받아들이지 않는 것 같았다.

'메두사 애는 누가 잘못했던 간에 무조건 포세이돈 편을 들었을 거야.'

물론 아르테미스도 아레스와 포세이돈이 불쌍했다. 교장 선생님 앞에 다른 학생과 싸웠다는 소식을 들고 가는 건 절대 유쾌한 일이 아니었다.

'휴, 아레스랑 포세이돈이 번개를 잘 피해야 할 텐데.'

키클롭스 선생님의 눈길이 아직도 복도에서 얼쩡대고 있는 학생들을 향했다.

"쇼는 끝났으니까 어서 자기 교실로 가려무나."

아이들이 흩어지는데 마침 리라종이 울렸다.

"5분 후 2교시가 시작됩니다."

학교 전령이 근엄한 목소리로 크게 외쳤다.

키클롭스 선생님은 쌍둥이 거인을 향해 돌아섰다.

"너희 둘. 너희는 오늘 방과 후 나한테 와."

선생님의 목소리로 봤을 때 절대로 다정하게 수다를 떨려고 부르는 것 같지는 않았다.

'아싸! 아무리 손님이라 해도 특별 대우도 한계가 있는 법이지!'

아르테미스는 휘파람을 불어 사냥개들을 불러 모아 키클롭스 선생님의 교실로 걸어갔다.

"아르테미스, 잠깐만."

메두사였다.

"교장 선생님 일은 어떻게 됐어?"

"엉?"

아르테미스는 메두사가 무슨 말을 하는지 몰랐다.

"그거 말이야. 여학생도 피톤오톤에 참가할 수 있도록 허락받는다며?"

아르테미스는 한숨을 푹 쉬었다.

"아, 나쁜 소식이야. 교장 선생님이 거절하셨어. 하지만!"

아르테미스는 얼굴을 빛내며 덧붙였다.

"우린 허로림픽을 열기 위해 서명 운동을 준비하고 있어."

"뭐?"

"허로림픽."

메두사가 짜증 나는 듯이 대답했다.

"이름은 들었어. 내 말은 그게 무슨 뜻인지 모르겠다는 거야."

그 말을 듣고 아르테미스는 생각했다.

'흠, 친구들이 넌지시 눈치를 주기는 했지만, 정말로 이름이 구린가 보네.'

아르테미스는 메두사에게 설명했다.

"여학생을 위한 올림픽을 말하는 거야. 그 이름은 임시로 지은 것이니까 좋은 제안 있으면 알려 줘."

"메두솔림픽은 어때?"

아르테미스는 하마터면 "푸핫!" 하고 웃음을 터뜨릴 뻔했다.

그러나 메두사의 표정은 진지하기만 했다.

"어, 고려해 볼게. 탄원서에 서명할 때 그 얘기도 써넣어 봐."

아르테미스는 대충 얼버무려 대답하고서 다시 발길을 키클롭스 선생님 교실로 돌렸다.

"알았어. 아르테미스, 서명 운동은 어디서 벌일 거니?"

아르테미스가 교실로 들어서며 대답했다.

"수업 마치고 학교 뜰에 자리를 마련할 거야."

아르테미스는 다시 문 밖으로 고개를 내밀고 한마디를 덧붙였다.

"다른 애들한테도 꼭 알려 줘."

메두사가 고개를 끄덕이며 대답했다.

"그럼 나중에 보자."

메두사가 자기 교실로 떠나자 아르테미스도 다시 교실로 들어갔다.

다음 순간 아르테미스는 깜짝 놀랐다가 불안해졌다. 사기 자리로 가는데 쌍둥이 거인 중 하나가 아르테미스를 뒤따라왔기 때문이었다. 그러나 사냥개들은 별로 신경 쓰지 않는 듯 아르테미스의 발치에 몸을 동그랗게 말고 드러누웠다.

그 거인은 아르테미스 바로 앞의 빈 책상에 꾸역꾸역 끼어 앉더니 다시 엉거주춤 일어서서 아르테미스 쪽으로 돌아섰다.

쾅!

거인의 움직임에 따라 책상이 통째로 위로 솟구쳤다가 바닥에 도로 떨어졌다. 아르테미스의 개들이 고개를 번쩍 들더니 낮게 으르렁거렸다.

"놀라게 해서 미안해."

거인의 목소리는 낮고 굵직했다.

"나랑 자리를 바꾸는 게 어떻겠니? 아무래도 내가 칠판을 가릴 것 같은데 장애물이 되고 싶지 않아서 말이야."

그제야 아르테미스는 어느 정도 긴장이 풀렸다. 사냥개들도 그런 것 같았다.

'휴, 다행이다. 얘는 둘 중에 좀 더 다정한 쪽인 오토스구나.'

아르테미스는 오토스에게 반은 농담으로 반은 진심을 담아 대답했다.

"아니. 괜찮아. 내가 안 보이면 선생님도 나한테 질문을 덜 하시겠지."

오토스는 하얀 이를 드러내며 활짝 웃었다. 아르테미스는 오토스의 웃는 모습을 보고 마음이 한결 편해졌다. 아르테미스는 아직 수업 시작 리라종이 울리지 않은 김에 계속 말을 걸어 보기로 했다.

"넌 오토스지? 에피알테스랑 쌍둥이 형제이고."

오토스는 눈을 반짝이며 고개를 끄덕였다.

"넌 아르테미스지? 마법 술래잡기의 여신!"

아르테미스는 얼굴이 벌겋게 달아올랐다. 오토스는 전날 아르테미스가 악타이온을 사슴으로 바꿔 버린 일을 떠올린 게 분명했다.

"그래. 하지만 네 형제가 어떻게 나올지 알았더라면 절대 마법을 쓰지 않았을 거야."

그러자 오토스는 하하 웃으며 대답했다.

"에피알테스는 사냥이라면 사족을 못 써. 누가 금덩어리를 준다고 해도 아니, 설사 엄마가 직접 요리한 저녁 식사를 포기하더라도 사슴을 쫓는 쪽을 택할걸?"

아르테미스도 방긋 웃으며 이야기를 이어 갔다.

"나도 아폴론이라고 쌍둥이 동생이 있어. 하지만 우린 너희처럼 똑같이 생기지는 않

앉아."

"'예전에는' 우리도 똑같았지."

오토스가 말을 바로잡았다.

"이제는 아니야. 여기 보여?"

오토스는 아르테미스 쪽으로 고개를 숙이며 왼쪽 눈썹에 있는 희미한 흉터를 문질렀다.

"예전에 레슬링 경기를 하다가 에피알테스의 이에 부딪혔어."

"으, 맙소사. 진짜 아팠겠다."

흉터를 보자 아르테미스는 교장 선생님 말이 옳을 수도 있다는 생각이 들었다. 아무래도 여학생이 남학생과 레슬링 경기를 하기는 어려울 것 같았다.

"에피알테스는 더 심하게 다쳤어. 이가 부러지고 뽑혀 나갔으니까. 그래서 에피알테스는 그 자리가 뻥 뚫려 있어."

오토스는 아랫니 중간을 가리켰다.

아르테미스는 몇몇 아이들이 자신을 향해 인상을 찌푸리는 걸 알아차렸다.

'왜? 내가 적이랑 이야기를 나눠서?'

아르테미스는 그 아이들을 향해 마주 인상을 썼다.

'누구든 내가 이야기 나누고 싶으면 이야기하는 거지. 너희가 무슨 상관이야?'

바로 그때 '디리링.' 하고 리라종이 울리고 키클롭스 선생님이 수업을 시작했다.

"나중에 또 얘기하자."

오토스는 나지막하게 속삭이고 다시 '쿵!' 하며 책상을 돌려 교실 앞쪽을 쳐다보았다.

수업이 끝나자 오토스는 아르테미스한테 말을 걸려고 일부러 기다렸다. 오토스가 그 큰 덩치로 통로를 막고 있는 통에 다른 학생은 옆으로 돌아서 교실을 빠져나가야 했다.

"오늘 밤에 동생이랑 경기장에서 레슬링 연습을 할 건데, 혹시 보러 올래?"

"초대해 줘서 고마워. 생각해 볼게."

아르테미스는 순전히 예의 바르게 그렇게 대답했을 뿐이었다. 남학생들이 레슬링을 하느라 서로 붙잡고 끙끙대는 모습을 구경하고 싶은 마음은 없었다.

"어, 알았어."

아르테미스가 선뜻 나서지 않자 오토스는 꽤 실망한 눈치였다.

"올 수 있다면 7시에 오면 돼."

터덜터덜 교실을 나서 복도로 향하는 오토스의 모습을 보니 아르테미스는 어쩐지 미안했다. 에피알테스는 신경 쓰고 싶지도 않지만, 오토스는 괜찮은 아이였다. 아르테미스는 오토스를 위해서 올림픽이 끝날 때까지 쌍둥이 형제가 더 이상 말썽을 겪지 않기만 바랐다.

그러다 문득 아르테미스는 의문이 들었다.

'어라, 그런데 저 애 왜 나한테만 잘해 주는 거지? 올림포스 학생 중에 친구가 하나라도 있었으면 하는 건가? 아니면 설마 날 좋아하는 거야?'

아르테미스는 남학생의 속마음을 알아차리는 데 영 둔한 편이라 정확히 알 수는 없었다.

'흠, 부디 후자가 아니어야 하는데!'

8 불공평해!

"어휴, 이게 무슨 난리람! 아프로디테는 어디에 있니? 아레스가 간절히 곁에 있어 줬으면 할 텐데?"

점심시간, 페르세포네가 근심이 가득한 목소리로 말을 걸며 아르테미스 곁에 앉았다. 나머지 두 친구는 아직 학생 식당에 오지 않았다.

아르테미스는 놀라서 페르세포네를 쳐다보았다. 페르세포네가 무슨 소리를 하는 건지 짐작이 가지 않았다. 페르세포네가 쟁반을 탕 하고 내려놓자 암브로시아 머핀이 접시에서 튕겨 나갔다. 머핀이 바닥에 떨어지자마자 아르테미스의 개들이 얼씨구나 하며 달려들었다. 그러나 정작 페르세포네는 짜증 때문에 머핀이 떨어졌는지 어쨌는지 알아차리지도 못했다.

"그 거인 쌍둥이가 아레스의 다리를 부러뜨리는 바람에 아레스가 교장실로 실려 갔대. 첫 번째 달리기 경기가 시작되기 전에 교장 선생님께서 아레스 다리를 낫게 해 주셔야 할 텐데."

페르세포네는 식당을 휘휘 돌아보았다. 거인들이 보이면 당장 가서 한마디 쏘아붙일 기세였다.

"말도 안 돼! 어디서 그런 소리를 들었니?"

아르테미스도 얼른 쌍둥이 형제를 찾았지만 다행히 둘 다 보이지 않았다. 대신 식당에 파마가 있었다. 이 소문의 여신은 지금 전속력 가동 상태였다. 주황색 립글로스를 바른 입에서 연기 글자를 퐁퐁 내뿜으며 이 식탁에서 저 식탁으로 돌아다니며 오늘 아침 싸움에 대해 소문을 퍼뜨리고 있었다.

아르테미스는 다시 페르세포네를 돌아보았다.

"파마가 그렇게 말해?"

"내가 직접 들은 건 아니고, 파마가 다른 애한테 말하는 걸 옆에서 들었어."

페르세포네는 머뭇머뭇 되물었다.

"그럼 그게 사실이 아니라는 거야?"

아르테미스는 고개를 가로저었다.

"그래! 내가 그 자리에 있었어. 파마는 없었고."

"휴, 아니라니 다행이네!"

이제 페르세포네는 한결 마음이 놓이는 모양이었다.

"사실, 일부분은 맞아."

아르테미스는 사실을 인정했다.

"아레스가 교장실에 보내지긴 했어. 하지만 누구한테 업혀 간 건 아니야. 내가 아는 한 아레스의 다리는 멀쩡해."

솔직히 아르테미스는 한마디 덧붙이고 싶었다.

'하지만 아레스는 아무래도 머리 검사를 좀 받아야 하지 않을까 싶어. 머릿속에 뇌라는 게 들어 있다면 싸움에 휘말리지 않았을 거 아냐.'

그러나 아르테미스는 굳이 그 말을 하지 않았다. 마침 악타이온의 모습을 보았기 때문이었다. 악타이온을 보니 아프로디테가 이름 붙인 '사슴 사건' 때 자신이 얼마나 경솔하게 행동했는지가 새삼 떠올랐다. 아르테미스는 아프로디테가 뜻하지 않게 트로이 전쟁을 벌였을 때도 그저 '사고'라고 생각했던 점 때문에 '사슴 사건'이라는 이름이 아무래도 좀 걸리긴 했지만 말이다.

팔이 여덟 달린 식당 아주머니가 암브로시아를 한 그릇 가득

퍼서 한 번에 여덟 명에게 나눠 주는 동안 악타이온은 빈 쟁반을 들고 자기 차례를 기다렸다.

아르테미스는 스튜를 한 숟가락 떠서 후후 불며 악타이온을 가만히 쳐다보았다. 아폴론은 아르테미스가 악타이온에게 저지른 일이 용서받지 못할 짓이라고 했다. 그렇지만 아테나는 악타이온이 당해도 싸다고 했다. 아르테미스는 어느 쪽이 맞는지 결론을 내릴 수 없었다. 기분이 풀리고 사과하기로 마음먹을 때마다 악타이온이 자신을 분수대에 떠민 기억이 자꾸 떠올랐다.

'저 애가 날 얼마나 비웃었는데!'

그냥 그 사건을 떠올리기만 해도 아르테미스는 다시 화가 치솟았다. 아르테미스는 악타이온이 쟁반을 조심스럽게 받쳐 들고 식탁으로 움직이는 모습을 보며 인상을 썼다. 악타이온은 자신을 쳐다보는 시선이 느껴졌는지 아르테미스 쪽으로 고개를 돌렸다. 그런데 아르테미스를 슬쩍 보기만 해도 겁이 나는지 그만 발을 헛디뎌 쟁반을 떨어뜨리고 말았다. 얌브로시아 그릇이 공중으로 날아오르더니 바닥에 거꾸로 떨어졌다. 아르테미스는 순간 너무 당황했지만, 곧바로 그 사고가 자기 때문이 아니라는 걸 깨달았다. 악타이온이 아르테미스 쪽을 쳐다보느라 잠시 멈칫하는 사이 누가 뒤에서 악타이온에게 부딪힌 탓이었다.

"악타이온, 멋진 쇼였어!"

아틀라스가 폭소를 터뜨렸다. 그러자 아틀라스와 같은 자리에 앉아 있던 남학생이 따라서 웃음을 터뜨리고, 주변에 있던 다른 학생은 무슨 일인가 해서 목을 쭉 빼고 쳐다보았다. 그러나 악타이온은 화를 내는 대신 싱글싱글 웃으며 허리 숙여 절을 했다.

"자, 다음 쇼는 두 번째 얌브로시아 그릇을 만드는 마술입니다."

악타이온은 다른 아이들과 함께 하하 웃으며 다시 배식 줄로 돌아갔다.

마침 아프로디테가 나타나 아르테미스와 페르세포네 곁에 앉으며 말했다.

"불쌍한 악타이온, 저 앤 요즘 영 운이 나쁜 것 같아."

"그게 무슨 뜻이야?"

아르테미스가 어쩐지 켕기어 날카롭게 물었다. 그때까지 친구들은 아마 아르테미스가 언짢아할 거라 여기고 사슴 사건 이야기를 피해 왔다.

"아무것도 아니야."

아프로디테는 암브로시아에 숟가락을 담그며 말했다.

"그냥 좀……."

아프로디테가 망설이자, 아르테미스가 힐끗 쳐다보며 다시 물었다.

"그냥 뭐?"

아프로디테는 어깨를 으쓱했다.

"난 항상 그 애가 널 좋아한다고 생각했거든. 난 그런 걸 대체로 잘 맞히잖아."

"나도 그렇게 봤어."

페르세포네도 끼어들었다.

아르테미스는 아폴론도 같은 소리를 했던 기억이 떠올랐다.

"좋아한다는 마음을 표현하는 방법으로 분수대에 떠미는 건 좀 이상하지 않아?"

그러자 페르세포네가 부드럽게 일렀다.

"사고였을 수도 있잖아. 그땐 한창 싸움이 일어나는 중이었어. 누가 악타이온을 네 쪽으로 밀었을지도 몰라."

"그래. 지금 막 쟁반을 엎은 거랑 비슷한 거지."

아프로디테는 고갯짓으로 바닥에 쏟아진 악타이온의 그릇을 가리켰다. 개구리처럼 생긴 청소 담당 아주머니가 서둘러 음식물 찌꺼기를 치우러 그쪽으로 갔다. 아주머니는 돌돌 말려 있던 길고 끈적이는 혀를 쑥 내밀더니 쏟아진 암브로시아를 한꺼번에 휙 쓸어서 꿀꺽 삼켜 버렸다.

'윽!'

아르테미스는 갑자기 입맛이 사라져 버려 그릇을 옆으로 밀었다.

"그렇다 하더라도 웃은 건 용납할 수 없어."

아르테미스가 꿍얼거렸다. 그러나 공정하게 따지면, 그때 자기 꼴이 정

말 우스웠을 것 같기는 했다. 머리카락은 축 처져 있고, 정수리에는 마법 물고기가 펄떡이고 있었으니까.

'다른 아이한테 그런 일이 일어났다면 나도 신나게 웃었을 거야!'

그러나 아르테미스는 자신이 틀렸을 수도 있다는 사실을 눈곱만큼이라도 인정하고 싶지 않았다.

"얘들아, 다른 이야기 하자."

"오늘 포세이돈이 거인이랑 싸웠다는 얘기를 들었는데 사실이야?"

막 도착한 아테나가 물었다.

아르테미스는 "끙." 하고 신음을 하며 머리카락 속에 손을 파묻었다.

"내가 하고 싶은 얘기는 그게 아니야."

결국 페르세포네가 대신 대답했다.

"혹시 파마한테 들은 거면 엉뚱한 이야기일 거야. 넌 뭐라고 들었는데?"

"아, 난 판도라한테 들었어. 포세이돈이 혼자서 거인의 손아귀에서 아레스를 구해 냈대."

판도라는 아테나의 룸메이트로, 모든 말을 질문으로 했다. 그래서 아르테미스가 생각할 때 판도라가 실제로 했던 말은 다음과 같을 가능성이 높았다.

'포세이돈? 아레스를 거인한테 구해 낸 포세이돈 말이지?'

"헐!"

아프로디테가 기가 막혀 하며 말을 와르르 쏟아 냈다.

"판도라의 스톤글라스에 문제가 생긴 게 틀림없어. 메두사의 눈길만 막는 게 아니라 현실을 보는 눈도 가리나 봐. 아레스는 그 정도 싸움쯤 혼자서 충분히 해결할 수 있어."

아프로디테는 그걸로 부족한지 다시 말을 보탰다.

"게다가 판도라는 포세이돈이 영웅적인 행동을 했다면 앞뒤 없이 무조건 믿으려 들 거야. 판도라와 메두사는 오랫동안 포세이돈을 짝사랑해 왔잖아."

포세이돈은 잘생긴 꽃미남이었다. 아르테미스도 그건 인정했다.

'그래도 포세이돈은 애가 좀 질척거리잖아. 말 그대로 질척거린다고!'

포세이돈은 걸을 때마다 발에서 철벅철벅 소리가 나고 어딜 가나 발자국을 남겼다.

'아냐, 나더러 남자 친구로 삼을 만한 애를 꼽으라면 난, 음, 어라……?'

순간 악타이온의 호기심 넘치는 회색 눈동자와 연갈색 머리칼이 떠올랐다.

아르테미스는 그런 자신에게 놀라 눈을 깜박였다.

'어머나! 웬일이니!'

아르테미스는 세차게 머리를 흔들어 악타이온의 모습을 털어 냈다.

아르테미스는 아프로디테와 주거니 받거니 하면서 나머지 친구들에게 직접 목격한 사실을 들려주었다. 둘의 이야기는 거의 비슷했다. 그러나 아프로디테는 아레스를 영웅처럼 그렸다.

아르테미스는 은근히 놀라지 않을 수 없었다.

'아니, 어쩌면 아프로디테는 아레스를 정말 그렇게 보는지도 몰라. 자기 남자 친구니까.'

점심 식사가 끝나자 식당을 나오면서 아르테미스는 친구들에게 다시 한 번 약속을 상기시켰다.

"수업 마치고 학교 뜰에서 만나기로 한 거 잊지 마. 책상을 마련해서 탄원서에 아이들의 서명을 받을 거니까!"

그날 오후 마지막 수업 시간이 되자 아르테미스는 아프로디테를 학교 현관에서 만나 복수학 교실로 함께 걸어갔다. 여느 때라면 네메시스 선생님이 교실 문에 서서 아이들을 맞을 텐데 이상하게 모습이 보이지 않았다.

교실에 들어선 순간 두 여신은 네메시스 선생님 대신 쌍둥이 거인 중 하나를 보았다. 그 거인은 아틀라스와 한참 이야기를 나누며, 아틀라스의 말에 껄껄 웃어 대고 있었다. 아르테미스는 거인의 이 사이에 뻥 뚫린 구멍이 있다는 걸 알아차렸다.

아프로디테가 한마디를 툭 던졌다.

"보아하니 거인이 친구를 만들었나 보네. 쌍둥이 중 어느 쪽일까?"

"에피알테스야."

아르테미스가 아무렇지 않게 대답하자 아프로디테는 고개를 갸웃하며 되물었다.

"어떻게 알아?"

"에피알테스는 이가 하나 없거든. 오토스가 말해 줬어."

"너 거인이랑 이야기를 나눈 거야?"

아프로디테는 경악하며 아르테미스를 쳐다보았다. 아프로디테의 눈은 어떻게 그렇게 대담한 일을 할 수 있느냐고 묻고 있었다.

아르테미스는 어깨를 들썩여 보였다.

"오늘 아침 영웅학 수업 때 오토스가 들어왔더라고. 솔직히 오토스는 괜찮은 아이야. 성미가 불 같은 쪽은 에피알테스지."

그 순간 헤라가 교실로 들어왔다. 모든 학생의 시선이 헤라에게 집중되었다. 헤라는 필요 없으리라는 걸 아는지 자기소개를 따로 하지 않았다. 이제 올림포스 학교 학생이라면 모두, 심지어 다른 학교에서 온 선수조차 헤라가 누구인지 알고 있고, 제우스 교장 선생님과 어울리는 모습을 본 적이 있었다.

"여러분, 네메시스 선생님께서 오늘 오후 일이 있으셔서 외출하셨어요. 그래서 제우스 교장 선생님께서 제게 임시 교사를 부탁하셨답니다."

헤라는 학생들에게 소식을 전하고서 한 손을 들어 완벽한 머리 모양에서 살짝 삐져나온 머리카락을 매만졌다. 풍성한 금발 머리를 가진 헤라는 정말 아름다웠다.

아르테미스는 헤라를 보며 생각했다.

'헤라 여신님이 아프로디테의 엄마라고 해도 놀랍지 않아.'

"네메시스 선생님께서 갑작스럽게 나가시는 바람에 오늘 수업 계획을 알려 주시지 못했어요. 그래서 전 이번 시간에 여러분과 '공평'이라는 주제를 함께 살펴볼 작정이에요."

헤라는 눈을 반짝이며 부드럽게 웃었다.

"요즘 우리 학교 상황에서 이 주제를 이야기하면 토론이 훨씬 재미있어질 것 같군요. 다가올 올림픽 경기와 관련이 있으니까요."

어째서인지 그 말을 하는 순간 헤라는 아르테미스를 똑바로 쳐다보았다.

"올림픽 경기 때문에 거인들이 여기 오는 게 공평한 문제인지에 대해 말씀하시는 거죠?"

교실 뒤쪽에 앉은 소년 신이 소리쳤다.

"전 '아니다.'에 한 표 던질래요!"

아르테미스는 얼른 에피알테스 쪽을 힐긋 쳐다보았다. 내심 에피알테스가 책상에서 벌떡 일어나거나 아니면 어차피 거기 꽉 끼어 있으니 몸을 부르르 떨어 책상을 부숴 버리고 그 아이를 혼내 주러 가지 않을까 싶었다. 그러나 에피알테스는 인상을 벅벅 구기기는 했지만 자기 자리를 지켰다.

헤라가 그 학생에게 엄하게 일렀다.

"다른 학교에서 우리 학교로 방문한 선수는 모두 우리의 손님이에요. 부디 그 점을 기억하기 바랍니다."

헤라의 말에 에피알테스의 얼굴이 한결 부드러워졌다.

헤라는 학생들이 자신의 당부를 마음에 새기도록 잠시 기다렸다가 다시 토론으로 돌아갔다.

"내가 말하는 공평함이란 올림포스 학교 전체 학생의 반과 관련된 문제예요. 손님으로 온 선수의 학교에도 상당수가 있을 거라 생각해요. 내가 어떤 얘기를 하는지 짐작 가는 학생 있나요?"

헤라가 다시 아르테미스를 쳐다보았다. 문득 아르테미스는 헤라가 왜 그러는지 이유를 깨달았다.

'내가 교장 선생님과 나눈 대화를 들으셨나 봐!'

아르테미스는 손을 위로 번쩍 쳐들었다.

"여학생에 대해 말씀하시는 거예요! 여학생이 올림픽 경기에 참가할 수 없다는 점이 공평한지 아닌지 물으시는 거죠? 전 '불공평하다.'고 대답하고 싶어요."

아르테미스의 대답에 모든 학생이 동시에 나름대로의 반응을 보이며 교실이 순식간에 시끌벅적해졌다.

에피알테스는 아르테미스를 향해 짜증 난다는 표정을 지었지만 소란에 끼지는 않았다. 아르테미스는 내심 놀라지 않을 수 없었다.

'어라? 여자애들이 경기 '구경'을 하는 것조차 꺼려 하더니 웬일이지?'

그러나 다음 순간 에피알테스의 눈길이 오만하게 변했다.

'뭐야? 아예 여자애랑 '논쟁'을 하는 것 자체가 시간 아깝다는 태도잖아!'

어수선한 분위기를 가라앉히기 위해 헤라가 나섰다.

"자, 한 명씩 차례로 이야기합시다. 아틀라스, 말해 봐요."

"여자애들이 무슨 수로 이거랑 경쟁하죠?"

아틀라스는 씩 웃으며 팔을 구부려 우람한 근육을 자랑했다.

"한 번 움직여 보지도 못하고 패할 텐데요?"

"그래!"

"옳소!"

대부분의 남학생이 입을 모아 소리쳤다.

아르테미스는 아폴론을 힐끗 쳐다보았다.

'뭐야? 고개를 끄덕이고 있잖아. 바보 녀석, 정말 저 애들과 같은 생각인 거야? 그래, 아틀라스와 힘을 겨루어 이길 여자애가 없는 건 사실이야. 하지만 아틀라스는 우리 학교 남학생 중에서도 가장 힘이 세잖아! 어휴, 참 나. 여자가 더 잘하는 운동도 많거든.'

지금껏 잠자코 있던 아프로디테가 긴 머리칼을 어깨 너머로 살짝 넘겼다. 그 작은 동작만으로도 주변에 있던 남학생은 얼이 빠졌다. 남학생들의 눈에 하트가 뿅뿅 뜨더니 소란이 잦아들었다.

아프로디테가 말을 꺼냈다.

"정말 그렇게 생각해? 그럼 아폴론만 빼고 너희 중에서 누구 아르테미스한테 활쏘기로 도전해 볼래?"

질 거라는 걸 뻔히 알기 때문에 아무도 나서지 않았다.

아르테미스는 통로 쪽으로 몸을 숙이고 아프로디테와 손을 짝 마주치며 하이파이브를 했다.

"이야, 아프로디테, 짱인데!"

그러자 덩치 좋은 퀴도이모스가 교실 뒤에서 소리쳤다.

"올림픽에 활쏘기는 없잖아. 아르테미스, 원반은 얼마나 멀리 던질 수 있어?"

아르테미스도 소리쳐 대답했다.

"몰라. 시도해 볼 기회조차 없었으니까."

갑자기 교실에 있는 모두가 한마디씩 할 말이 있는 듯 입씨름을 했다. 몇몇 여학생은 잘 모르겠다는 듯이 키득거렸지만, 적극적으로 소리치는 여학생도 있었다.

"그래. 아르테미스 말이 맞아. 우리도 기회를 갖고 싶어!"

헤라가 다시 학생들을 조용히 시켰다.

"잠시 남학생한테 발언 기회를 주도록 해요. 여학생의 올림픽 참가는 안 된다고 생각하는 이유가 뭔지 들어 보고 싶군요."

아르테미스는 다시 아폴론을 쳐다보았다. 아폴론이 자신을 변호해 주기를, 모든 여학생의 입장을 옹호해 주기를 간절히 바랐다. 너무나 간절히 도움을 바라고 있던 차에 아폴론이 의견을 말하려는지 손을 들었다.

아르테미스는 아폴론을 향해 방긋 웃어 보였다.

'아싸. 아폴론이 다른 남학생한테 잘못된 생각이라고 말해 줄 거야.'

그러나 아폴론의 입에서 흘러나온 말은 전혀 달랐다.

"여학생은 남학생과 경쟁할 수 없어요. 그러다 다친다고요! 가타부타 더 말할 것도 없어요."

아폴론은 아르테미스의 눈길을 피하며 마치 결정이라도 내려진 듯이 손을 탁탁 털었다.

아르테미스는 얼마나 마음에 상처를 입었는지 아폴론에게 절대 드러내지 않을 작정이었다.

"걱정 마!"

아르테미스는 거세게 맞섰다.

"여자끼리 올림픽을 열고, 여자끼리 무슨 종목을 할 건지 정할 거니까. 니희는 절대 해 보지 못할 멋진 대회를 열 거야!"

그러자 마카이가 눈살을 찌푸리며 비웃었다.

"뭐, 치어리더 경기 같은 거?"

남학생들은 배꼽을 잡고

"푸하하!" 하고 웃어 댔다. 에피알테스도 가늘고 높은 목소리로 낄낄거렸다.

그러자 메두사의 언니인 스테노가 분노에 떨며 목소리를 높였다.

"치어리더로 경기를 응원하는 게 얼마나 힘든지 알아? 올림포스 학교 남학생의 절반은 흉내도 못 내고 나가떨어질걸?"

"맞아!"

여학생들이 소리쳤다.

사태가 걷잡을 수 없이 번지기 전에 헤라가 다시 끼어들었다.

"여러분, 이 점을 기억하세요."

헤라는 차분한 목소리로 일렀다.

"지금 토론의 주제는 '공평성'이에요. 누구 그 말을 뜻매김해 보겠어요?"

"규칙에 따라 일을 처리하는 게 공평한 거죠."

아틀라스가 대답하자, 퀴도이모스가 한마디를 덧붙였다.

"그리고 규칙 상 올림픽엔 남학생만 나갈 수 있어요!"

그러자 아글라이아가 헤라를 쳐다보며 물었다.

"공평하다는 건 한쪽이 부당하게 특권을 가지면 안 되는 거 아닌가요?"

헤라가 고개를 끄덕였다.

"그렇죠. 그런 의미도 있어요."

아프로디테가 때를 놓치지 않고 나섰다.

"그런데 올림픽 경기에 대한 규칙은 남학생한테만 특권이 있어요. 그러니 그 규칙은 공평하지 않은 거죠!"

듣고 있던 아폴론이 어깨를 들썩이더니 대꾸했다.

"규칙은 규칙인걸. 교장 선생님께서 그렇게 정하셨으니 그냥 그렇게 살아!"

"그래! 아폴론, 말 잘한다!"

남학생들이 소리쳤다.

그러자 아르테미스는 이글거리는 눈으로 아폴론을 쳐다보며 쏘아붙였다.

"걱정 마. 우리끼리 잘 살 거니까! 어디 두고 봐."

이번에는 여학생들이 환성을 질렀다.

커다란 분홍색 날개를 단 여신이 소리쳤다.

"아르테미스, 짱!"

아르테미스와 서로 잘 모르는

사이인데도, 그 여학생은 열심히 아르테미스 편을 들었다.

"우리끼리 올림픽을 열자고! 남학생 따위 누가 필요하대?"

그 말에 남학생들이 껄껄 웃음을 터뜨렸고, 에피알테스도 거들었다. 남학생 중 누군가 소리쳤다.

"꿈 깨시지!"

'으으으! 저 녀석들 정말 짜증 나!'

아르테미스는 아직 헤라한테 서명 운동 계획에 대해 알리고 싶지 않았다. 혹시 제우스가 헤라한테서 소식을 듣고 서명 운동을 시작하기도 전에 막을까 봐 걱정되었기 때문이었다. 그러나 아르테미스는 자기도 모르게 외치고 말았다.

"꿈이 아니거든! 이따 수업 마치고 학교 뜰로 나와. 꿈이 아니라는 걸 보게 될 거야!"

아르테미스는 친구들과 자신이 어떤 일을 계획하고 있는지 알게 되었을 때 남학생들의 표정이 어떨지 보고 싶어 견딜 수가 없었다. 솔직히 아르테미스는 다른 여학생이, 특히 운동을 잘 못하는 여학생이 서명 운동에 시큰둥한 반응을 보이면 어쩌나 하고 걱정하고 있었다. 그런데 복수학 수업 시간의 논쟁 덕분에 예상치 않게 열렬한 지지를 받게 되었다. 마치 헤라가 여학생 편을 들고자 일부러 이 논쟁을 벌이기라도 한 것 같았다. 그

뿐 아니라 교실 뒤편에 파마가 앉아서 이 모든 상황을 지켜보고 있었다. 남학생들이 얼마나 불공평하게 굴었는지 한 시간 안에 온 학교에 소문이 퍼질 게 분명했다.

'아싸! 이런 행운이 오다니!'

9 서명 운동

　복수학 수업이 끝나자마자 아르테미스와 아프로디테는 사물함에 물건을 집어넣고 서둘러 학생 식당으로 갔다. 둘은 그곳에서 탁자를 빌려 학생들이 많이 오가는 학교 뜰에 놓고 서명을 받을 작정이었다.

　"도와줄까?"

　간식을 먹으러 왔던 남학생 몇몇이 당장 돕겠다고 발 벗고 나섰다. 아프로디테는 남학생의 도움을 끌어당기는 자석이나 다름없었다.

　"그래."

　아프로디테가 벽에 세워진 탁자를 가리켰다.

"저거 두 개만 옮겨…….."
순간 아프로디테가 머뭇거리더니 단단히 각오한 얼굴로 대답했다.
"아니, 고맙기는 한데 우리끼리 할 수 있어."
"확실해?"
남학생들은 미심쩍어 하는 눈치였다.
"저거 엄청 무거워."
아르테미스는 일부러 힘주어 대꾸했다.
"괜찮아. 우린 엄청 힘이 세니까."
그러나 남학생들의 말은 사실이었다. 탁자는 정말로 무거웠다. 게다가 아프로디테의 사냥개들까지 도움은커녕 방해만 했다. 둘이서 탁자를 들고 현관문 사이로 빠져 나가느라 끙끙대는 동안 개들은 아르테미스와 아프로디테의 다리 사이며 탁자 밑을 요리조리 비집고 다녔다.
다행히 때마침 페르세포네와 아테나가 서명 받을 탄원서와 포스터를 들고 왔다. 아프로디테와 아르테미스는 헤라 여신이 임시 교사로 들어왔던 수업에서 무슨 일이 있었는지 얼른 두 친구에게 알려 주었다. 넷이 힘을 합하자 얼마 걸리지 않아 두 번째 탁자와 의자 네 개를 계단 아래로 내릴 수 있었다. 곧 네 친

구는 학교 뜰에 서명 운동 자리를 마련했다.

"잘되면 좋겠는데."

페르세포네가 탁자 옆 '참여하세요!' 포스터를 건 삼각대를 세우며 말했다.

"잘될 거야."

아르테미스는 자신감에 차 있었다. 그러나 동시에 아주 작은 걱정이 머릿속으로 핑 하고 날아들었다.

'교장 선생님이 우리를 보면 어떻게 하지?'

아르테미스는 남학생들의 경기에 끼려고 하는 게 아니니까 제우스의 명령을 어기는 건 아니었다. 하지만 제우스가 여학생끼리 경기를 열라고 허락한 것도 아니었다. 사실 제우스는 정확히 '여학생이 올림픽을 즐기는 가장 좋은 방법은 관중석에 앉아서 보는 거라 생각한다.'라고 했다.

'교장 선생님은 그 말이 우리를 얼마나 무시하는 소리인지 모르는 걸까? 이번 서명 운동으로 교장 선생님의 마음이 바뀌어야 하는데!'

아르테미스와 친구들이 탁자 뒤에 자리를 잡고 앉자 아르테미스의 사냥개들도 의자 밑 그늘에 드러누웠다. 네 소녀 신은 분홍색 파피루스 서명 종이와 펜으로 무장한 채 '손님'이 오기를 기다렸다. 얼마 지나지 않아 여학생 두어 명이 다가왔다.

"언니, 이게 뭐예요?"

보라색 꽃무늬 키톤을 입고 머리에 붓꽃 화환을 쓴 어린 여학생이 물었다.

"여학생끼리 올림픽을 열게 해 달라고 교장 선생님을 설득하기 위한 서명을 받고 있어."

아르테미스가 설명하면서 탄원서를 내밀었다.

"서명할래?"

무지갯빛으로 빛나는 키톤을 입은 여학생이 끼어들었다.

"어머, 그렇지 않아도 점심시간에 우리끼리 그런 얘기했잖아. 남학생만 올림픽에 참가할 수 있다는 게 너무 불공평하다고 말이야."

무지갯빛 키톤의 여학생은 인상을 쓰며 덧붙였다.

"아까 그 녀석 한 방 먹이고 싶더라. 뭐? 여학생들이 어떤 바보 같은 경기를 하겠다고 나설지 안 들어 봐도 알겠다고?"

그러자 아테나가 물었다.

"그래서 우리가 뭘 할 거라던데?"

"모두 기억나지는 않지만, 누가 매니큐어를 빨리 바르나 경기를 할 거라고 하더라고요."

"그게 무슨 뚱딴지 같은 소리람!"

아프로디테는 코웃음을 치더니 이내 분홍색 반짝이를 바른 손톱을 꼼꼼히 살펴보았다. 아르테미스가 기억하기로 어제까지만 해도 아프로디테의 손톱은 하늘색이었다.

아프로디테가 농담을 툭 던졌다.

"그런 경기가 있다면 확실히 내가 우승하겠는걸!"

아프로디테를 비롯해 그 자리에 모여 있던 여학생 모두 까르르 웃음을 터뜨렸다.

"어디에 서명하면 돼요?"

붓꽃 화환을 쓴 소녀 신이 묻자, 아르테미스와 페르세포네가 얼른 파피루스와 펜을 건네주었다. 붓꽃 소녀 신은 아르테미스의 초록색 펜을 받아들고 흩날리는 꽃잎처럼 매끄러운 글씨로 '안테이아'라고 이름을 썼다. 무지갯빛 키톤의 소녀 신은 네 가지 색깔 펜을 모두 빌려서 '이리스'라는 이름을 알록달록하게 썼다.

안테이아와 이리스가 서명을 하고 떠나자 아테나가 말했다.

"헤라 여신님한테 서명해 주실 수 있냐고 물어보면 좋을 텐데."

아르테미스가 고개를 흔들었다.

"그럼 교장 선생님이 알게 될 거야. 교장 선생님이 알게 되기 전에 가능한 서명을 잔뜩 받아서 들이밀어야 해."

그때 메두사, 스테노, 유리알레 세쌍둥이 자매가 탁자로 다가왔다.

"펜 줘! 서명할 거야!"

메두사는 변함없이 우두머리 행세를 했다. 그러나 이번만큼은 아르테미스와 친구들도 메두사의 요구를 기꺼이 들어 줄 마음이 있었다.

아프로디테, 아테나, 페르세포네는 얼른 메두사 자매에게 파피루스와 깃털 펜을 내밀었다. 그런데 메두사가 글씨를 얼마나 세게 눌러썼는지 깃털 펜촉에 찍혀 파피루스에 구멍이 뽕 뚫려 버렸다. 메두사가 창피한지 순간적으로 얼굴이 빨갛게 되어 일그러졌다.

"괜찮아."

아프로디테는 상냥하게 말하며 파피루스를 뒤집었다. 그러고는 손끝으로 구멍을 만지며 마법을 써서 구멍을 메웠다.

"자, 이제 괜찮아졌지?"

메두사는 얼른 창피함을 내던져 버리고 톡 쏘아붙였다.

"흥, 처음부터 두꺼운 파피루스를 쓰지 그랬어!"

서명을 마치고 메두사 자매가 여봐란 듯이 으스대며 걸어가자, 아르테미스와 친구들은 서로를 멀뚱멀뚱 쳐다보았다.

페르세포네가 한마디를 던졌다.

"어련하시겠어."

그 말에 아르테미스와 친구들은 또다시 까르르 웃었다.

얼마 지나지 않아 여학생들이 서명을 하려고 길게 줄을 섰다. 탄원서 아래쪽에 서명이 착착 느는 모습을 보고 있으니 아르테미스는 저절로 신이 났다. 지금까지 아글라이아와 판도라까지 모두 열다섯 명이 서명을 했다. 나머지 세 친구도 자기만큼 서명을 받았다면 벌써 예순 명이나 지지를 선언했다! 문득 아르테미스는 올림포스 학교의 여학생이 모두 몇 명인지 궁금해졌다. 아마 아테나라면 답을 알 것 같아서 물어보려는데 줄에 서 있던 여학생들이 키득거렸다. 무슨 일인가 싶어 고개를 드니 줄에 남학생 하나가 슬그머니 끼어 있었다.

"안녕, 아르테미스. 잘되어 가니?"

악타이온이었다.

아르테미스의 심장이 세차게 뛰었다. 그러나 일부러 뻣뻣한 표정을 지으며 차갑게 대꾸했다.

"왜? 날 또 웃음거리로 만들려고 여기 온 거니?"

악타이온은 활짝 웃으며 두 손을 가슴에 얹고 깜짝 놀란 시늉을 했다.

"농담이지? 내가 감히 어떻게 그럴 수 있겠어? 이번에는 사슴보다 못한 짐승으로 바꿔 버릴 수도 있는데 말이야!"

아르테미스는 결국 풋 하고 웃고 말았다.

"예를 들면 어떤 거? 네가 또 짜증 나게 굴 경우를 대비해 여러 가지 아이디어를 미리 준비해 놓아야 할 것 같아."

악타이온은 더욱 싱글벙글 웃으며 대답했다.

"다음에는 좀 더 번드르르한 게 되어 보고 싶어. 흠, 게리온은 어떨까?"

아르테미스는 펜의 깃털 부분으로 턱을 쓰다듬으며 생각해 보는 척했다.

"아무래도 그보다는 덜 무서운 게 나을 것 같은데. 두꺼비는 어떨까나?"

그러자 악타이온이 "푸하하!" 하고 웃음을 터뜨렸다.

"두꺼비? 야, 너무하잖아!"

그때 수에즈가 탁자 밑에서 기어 나오더니 악타이온의 다리에 머리를 들이밀었다.

"오, 수에즈. 안녕."

악타이온은 무릎을 꿇고 앉아 수에즈의 털을 긁어 주었다.

"다음번에는 네 주인님더러 날 개로 바꾸어 달라고 부탁해 볼까?"

악타이온이 계속 머물며 이야기를 나눌 기세이자 뒤에 서 있던 여학생들이 아테나 쪽의 줄로 옮겨 갔다. 갑자기 악타이온이 벌떡 일어서더니 아르테미스의 두 눈동자를 똑바로 쳐다보며 진지한 목소리로 말했다.

"있잖아, 아르테미스. 네가 알았음 하는 게 있어. 난……."

악타이온이 미처 말을 마치기 전에 운동장으로 가던 선수 몇이 서명 운동 본부 쪽으로 다가왔다. 그중 하나가 포스터를 보더니 배를 잡고 미친 듯이 웃는 척했다.

"여학생을 위한 올림픽이라고? 하, 하, 하!"

다가온 선수 넷 중 아르테미스가 아는 얼굴은 마카이와 퀴도이모스뿐이었다. 그러나 넷 모두 몸이 빛나는 걸로 보아 불멸의 존재임이 분명했다.

퀴도이모스가 검지로 아르테미스를 가리키며 말했다.

"이 멍청한 생각이 누구한테서 나왔는지 알겠네."

이어 퀴도이모스는 아르테미스의 탄원서를 휙 잡아채더니 명단을 쓱 훑어보았다.

"남학생은 아무도 서명하지 않았잖아. 심지어 네 동생도 안 했구먼!"

퀴도이모스는 별것도 아니면서 요란을 떨고 있다는 듯이 탄원서를 도로 건넸다.

아르테미스는 뭐라고 쏘아붙일까를 생각하느라 머릿속이 바빴다. 그러나 아르테미스가 적당한 말을 찾아내기 전에 누군가 먼저 말을 꺼냈다.

"어, 실례. 펜 좀 빌릴 수 있을까?"

악타이온이었다!

"말도 안 돼!"

마카이가 언성을 높였다. 마카이는 악타이온이 책상에 다가가자 당장이라도 기절할 것처럼 굴었다.

"악타이온, 설마 우리를 배신하려는 건 아니겠지?"

퀴도이모스도 가만히 있지 않았다.

"그래, 우리 남자들끼리 단결해야지."

아르테미스는 어쩔 거냐는 식으로 할 테면 해 보라는 듯이 악타이온 쪽으로 탄원서를 밀고, 아프로디테는 펜을 쓱 내밀었다. 그리고 나서 네 친구는 숨을 죽이고 악타이온이 어찌 나올지 지켜보았다.

악타이온은 잠시 망설이더니 이내 탄원서를 받아들고 얼른 자기 이름을 썼다.

"야호!"

아테나가 탄성을 질렀다.

"넌 우리의 영웅이야!"

아프로디테도 환성을 올렸다.

"으으윽!"

남학생 중 하나가 금방이라도 숨이 넘어갈 듯이 신음 소리를 냈다.

"믿을 수가 없어! 어떻게 그런 일을! 여자랑 올림픽이랑은 잘 지낼 수가 없단 말이야."

마카이가 열을 올렸다.

쿵! 쿵!

탁자에 있던 펜이 통통 튀었다. 거인 하나가 아이들 쪽으로 다가오고 있었다.

거인이 다가오는 걸 보더니 퀴도이모스가 투덜거렸다.

"신과 거인이 사이좋게 지낼 수 없는 것처럼 말이지."

탁자에 거인의 그림자가 쓱 드리워졌다. 아르테미스는 고개를 들다가 거인의 이마에서 흉터 자국을 보았다.

'아, 오토스구나!'

오토스는 포스터 내용을 읽더니 허리를 숙이고 깃털 펜을 집어 들었다. 펜이 오토스의 굵직한 손가락 사이에 들어가니 꼭 이쑤시개 같았다. 오토스는 아르테미스의 탄원서에 스스럼없이 서명을 했다. 그러고는 똑바로 일어서서 올림포스 학교의 남학생들을 노려보았다.

"너희도 괜히 빼지 말고 얼른 서명하지?"

마카이는 어깨를 으쓱했다.

"됐거든! 인간과 우리 학교 학생도 아닌 거인의 서명이 무슨 대수라고. 아직 소년 신은 아무도 서명하지 않았잖아! 얘들아, 가자."

그 말을 끝으로 불멸의 존재 넷은 있는 대로 빼기며 자리를 떴다.

"저기……. 오늘밤 레슬링에 올 거야?"

오토스가 아르테미스에게 물었다. 동시에 곁에 있던 아르테미스의 친구들이 조금 전 일에 대해 이야기했다.

"어, 글쎄, 잘 모르겠는데."

아르테미스는 친구들의 이야기에 신경이 쏠려 오토스의 말을 건성으로 듣고 대답해 버렸다.

"네가 날 완전히 찌부러뜨릴 수도 있잖겠어?"

오토스의 눈썹의 하얀 흉터가 위로 쓱 올라갔다. 오토스는 함박웃음을 지으며 말을 고쳤다.

"레슬링을 '보러' 올 거냐는 얘기였어. 오늘 밤에 연습 경기가 있다고 얘기했잖아. 기억 안 나?"

"아, 맞다."

아르테미스는 속으로 한숨을 푹 쉬며 대답했다.

"그래. 갈게."

오토스가 서명을 해 주었으니 신세를 갚아야 했다.

'신세를 졌다는 말이 나왔으니 말인데, 악타이온은 어디에 있는 거지?'

아르테미스가 주위를 돌아보았다. 그러나 악타이온은 이미 사라지고 없었다.

여학생들이 더 몰려오자 오토스도 자리를 뜨려 했다.

"좋았어. 아르테미스, 나중에 보자!"

"서명해 줘서 고마워!"

페르세포네가 오토스의 등에 대고 외쳤다.

"나도 고마워!"

아르테미스도 인사를 건넸다.

이제 아르테미스와 친구들은 신이 나서 재잘재잘 수다를 떨었다. 새로운 여학생이 서명을 할 때마다, 그리고 또 다른 남학생이 놀려 댈 때마다 네 여신은 악타이온과 오토스가 한 서명을 가리켜 보였다. 불멸의 존재가 서명하지 않으면 어떤가? 악타이온과 오토스는 분명히 남학생이었고, 남학생이 서명했다는 사실만이 중요했다. 그러나 서명 운동 내내 여학생의 서명은 잔뜩 받았지만, 남학생은 악타이온과 오토스 말고 아무도 서명을 하지 않았다.

그날 저녁 식사 시간에 아르테미스는 학생 식당에서 아폴론이 오기를 기다렸다. 하지만 아플론은 식사 시간이 끝나도록 나타나지 않았다.

'맙소사, 얘가 도대체 어디 간 거야?'

아르테미스는 자신의 뜻에 아폴론이 찬성하는지 어쩐지 알고 싶었다. 복수학 시간에 아폴론이 했던 말을 듣고부터는 더욱 그랬다.

'지금껏 내게 보여 준 믿음이 친구들에게 옮겨 간 걸까? 아니면 날 도와주고 탄원서에 서명을 할까?'

친구들과 헤어지고 나서 아르테미스는 조용히 주문을 외우며 마음의 눈으로 아폴론을 찾았다. 하지만 아폴론이 어디에 있는지 분명한 그림이 떠오르지 않았다.

'지금 날 막는 거야? 으으으. 어휴, 남동생이란 가끔씩 정말 짜증 나게 군다니까!'

아르테미스는 둥근 경기장에 들어섰다가 아테나가 관중석 세 번째 줄에 앉아 있는 걸 보고 깜짝 놀랐다. 그러나 곧 아테나가 경기장 가장자리의 선수석을 향해 손을 흔드는 걸 보고 무슨 영문인지 깨달았다.

'아, 헤라클레스를 응원하러 왔구나.'

트라이애슬론 선생님도 경기장에 나와 있었다. 그리고…….

'윽! 교장 선생님도 오셨네. 혹시 서명 운동 이야기를 들으신 건 아니겠지?'

아르테미스는 경기장 스탠드 아래로 몸을 숙이고 아테나 곁으로 가서 자리를 잡았다.

아르테미스는 팔꿈치로 아테나를 슬쩍 찌르며 제우스 쪽을 가리켰다.

"너희 아빠 말이야, 혹시 우리 계획을 들으셨을까?"

아테나는 고개를 흔들었다.

"아니, 내가 조금 전에 이야기를 나눠 봤는데 아무 말씀 안 하셨어."

둘이 더 이야기를 나눌 틈도 없이 관중들이 "와!" 하고 환호성을 질렀다. 횃불이 활활 밝혀진 경기장에 선수들이 들어서고 있었다. 아르테미스는 속으로 몇 명인지 세어 보았다. 헤라클레스, 아틀라스, 오토스, 에피알테스, 그리고 아르테미스가 모르는 선수가 넷이었다. 그 넷도 아마 다른 학교 학생인 것 같았다. 선수들은 스트레칭을 하며 몸을 풀기 시작했다.

"헤라클레스 상대는 누구야?"

아르테미스가 물었다.

"오토스. 그래서 좀 걱정이야. 헤라클레스가 강하기는 하지만, 거인은…… 그래도 거인이잖아!"

"오토스는 절대 헤라클레스를 해치지 않을 거야."

아테나는 몸을 부르르 떨었다.

"그래, 헤라클레스가 에피알테스와 맞붙지 않아서 그나마 다행이야. 그 둘은 쌍둥이이면서도 성격 면에서는 완전히 다르잖아. 에피알테스가 과연 우리 서명 운동에 참여했겠어?"

"절대 그럴 리 없지!"

아르테미스는 고개를 끄덕이며 생각했다.

'게다가 자기 형제가 서명했다는 걸 알면 펄펄 뛸 텐데. 오토스가 그 얘기를 했을까?'

먼저 헤라클레스와 오토스의 경기가 펼쳐졌다. 둘은 경기를 시작하기 전에 각자 아테나와 아르테미스에게 손을 흔들어 인사를 건네고서 진지한 얼굴로 경기에 임했다.

아테나가 아르테미스 쪽으로 몸을 숙이더니 속삭였다.

"너 레슬링에 대해서 잘 아니?"

아테나의 질문과 동시에 오토스가 헤라클레스의 허리를 잡고 위로 들어 올렸다.

"아니, 잘 몰라."

아르테미스가 솔직히 털어놓는 순간, 오토스는 헤라클레스를 매트에 던져 버렸다. 그 모습을 지켜보며 아테나가 말했다.

"저건 보다시피 '들어 던지기'라는 기술이야."

헤라클레스는 양쪽 발로 우아하게 착지하더니 재빨리 오토스의 뒤로 움직였다. 그리고는 팔을 높이 들어 오토스의 가슴을 감싸고 자기 쪽으로 끌어당겼다. 오토스가 훨씬 키도 크고 덩치도 좋은데, 헤라클레스의 힘도 만만치 않았다.

"그냥 발을 걸면 더 쉽지 않나?"

아르테미스가 물었다.

"발을 거는 건 규칙에 어긋나. 상대편 선수의 허리 아래 부분을 잡을 수 없고, 다리를 걸어서도 안 돼."

"그렇구나."

아르테미스는 이제 훨씬 흥미가 일었다. 아르테미스가 생각한 것보다 레슬링은 볼거리도 많고 재미있었다. 아테나가 레슬링에 대해 그렇게 잘 알고 있는 것도 아르테미스로서는 놀랍지 않았다. 이 똑똑한 친구는 어떤 주제든 흥미가 생기면 거기에 몰두해서 관련된 모든 지식을 외워 버렸다!

"이기려면 상대편 선수의 두 어깨를 매트에 누르고 3초 이상 못 움직이게 해야 해."

아테나가 설명하는 순간 오토스가 헤라클레스의 공격에서 벗어났다.

경기가 끝났을 때 아르테미스는 헤라클레스가 이겼다는 걸 알고 어리벙벙했다. 헤라클레스도 오토스도 끝까지 서로를 땅에 내리꽂지 못했기 때문이었다.

다시 아테나의 설명이 이어졌다.

"헤라클레스가 오토스보다 공격 점수를 더 많이 땄기 때문이야."

두 선수는 다정하게 악수를 나누더니 선수석으로 돌아가서 앉았다. 아르테미스는 둘이 승패를 겨루면서도 사이좋게 지내는 모습이 보기 좋았다.

다음 차례는 에피알테스와 아틀라스의 경기였다. 둘이 서로를 붙잡고 힘을 쓰려고 할 때 관람석에 헤라가 나타났다. 제우스는 대번에 헤벌쭉 웃으며 헤라에게 손을 흔들었다. 그 순간 에피알테스가 아틀라스를 뒤에서 꽉 사로잡더니 머리 위로 손쉽게 휙 들어 올렸다. 그 커다란 아틀라스가 빠져 버린 자기 앞니보다 가볍다는 태도였다. 에피알테스는 싱글싱글 웃으며 아틀라스를 두 번이나 빙글빙글 돌리더니 매트에 던져 버렸다.

아르테미스가 물었다.

"아틀라스가 진 거지? 흠, 교장 선생님이 반기지 않을 텐데."

둘은 얼른 제우스와 헤라 쪽을 바라보았다. 그런데 정작 제우스와 헤라는 경기를 제대로 보지도 않았다. 둘 다 손을 휘저으며 한참 이야기하는 품새로 보아 어쩐지 화를 내고 있는 눈치이기도 했다. 갑자기 헤라가 인상을 팍 쓰더니 팔짱을 턱 끼고서 제우스를 향해 고개를 세차게 저었다.

그 모습에 놀란 아테나가 말했다.

"어머, 혹시 두 분이 싸우시는 걸까?"

이번에는 제우스가 헤라한테 뭐라고 말했다. 아르테미스와 아테나가 앉은 자리까지 말소리가 들리지는 않 있지만 목소리가 높아진 것만큼은 분명했다. 헤라가 떠나려는 듯이 자리에서 일어섰다. 그런데 제우스의 말에 마음이 바뀌었는지 조금 후에 다시 자리에 앉았다. 제우스가 헤라의 어깨에 손을 올리자 헤라가 제우스의 귀에 뭐라고 속삭였다.

"휴, 별일 아니었나 보다."

아르테미스가 먼저 입을 열자 아테나도 긴장을 풀며 말했다.

"그러게. 헤라 여신님 덕분에 아빠가 정말 행복해하고 있어. 두 분이 만나기 전의 상황으로 돌아가는 건 정말 싫어."

그러자 아르테미스가 진지하게 대답했다.

"그건 올림포스 학교의 모든 구성원이 다 싫어할 거야. 메티스 여신께서 떠나 버린 후 여긴 정말 엉망진창이었어."

아테나도 고개를 끄덕였다.

"그래, 정말 장난 아니었지!"

메티스가 떠난 후 제우스는 끊임없이 성질을 부리며 모두의 삶에 먹구름을 드리웠다.

"방금 두 분이 뭣 때문에 입씨름을 했는지 궁금해."

아르테미스가 어깨를 들썩해 보였다.

"누가 알겠어?"

텅!

커다란 소리에 아르테미스와 아테나는 다시 경기로 눈길을 돌렸다. 에피알테스가 아틀라스를 매트에 던지고 어깨를 내리눌러 승리를 얻었다. 에피알테스는 헤헤 웃으며 벌떡 일어나 매트 주변을 한 바퀴 돌면서 승리를 자축했다.

"어휴, 으스대기는!"

그 모습이 꼴사나운지 아테나가 툴툴거렸다.

에피알테스가 한 바퀴 돌고 나자 아틀라스가 자리에서 일어났다. 아틀라스는 에피알테스의 승리를 축하하는 뜻으로 악수를 건넸다. 스포츠맨다운 아주 반듯한 행동이었다. 그러나 에피알테스는 아틀라스의 악수를 무시한 채 주먹을 허공에 쳐들고 소리쳤다.

"내가 일등이야!"

'어머, 불쌍한 아틀라스. 그런데 복수학 시간까지만 해도 둘이 잘 지냈잖아?'

의아해하는 아르테미스의 눈앞에서 아틀라스가 멋쩍게 손을 내리더니 선수석으로 터덜터덜 돌아갔다.

"운동선수라면서 저게 뭐야!"

아르테미스는 에피알테스가 잘난 척을 마치고 선수석으로 돌아가는 모습을 보며 씩씩거렸다.

아테나도 맞장구를 쳤다.

"내 말이 그 말이야! 아빠가 방금 그 광경을 안 본 게 다행이야."

아르테미스는 제우스와 헤라 쪽을 다시 쳐다보았다. 두 신은 서로만 바라보고 있었다. 제우스가 뭐라고 하자 헤라가 까르르 웃더니 제우스의 볼에 쪽 하고 입을 맞추었다.

아테나는 행복해하며 한숨을 폭 쉬었다.

"아, 달콤해라!"

 아르테미스는 보통 그런 애정 표현을 보면 소름부터 끼쳤지만 이번만큼은 고개를 끄덕이며 아테나의 말에 동의했다. 아르테미스는 제우스 신이 행복해서 기뻤다.

'교장 선생님이 행복하지 않으면 온 학교에 번개가 비처럼 쏟아지는 걸 어떻게 해?'

10
날 좀 내버려 둬

다음 경기가 중반 정도 진행되었을 때 아르테미스가 아테나를 슬쩍 찌르며 말했다.

"난 가서 아폴론을 찾아봐야겠어. 나중에 봐."

서로 손가락을 꼼지락거리며 작별 인사를 건네고 아르테미스는 자리를 떴다. 경기장 밖으로 나오자 아르테미스는 눈을 꼭 감고서 다시 주문을 외웠다.

넌 나의 핏줄, 넌 나의 친구
실마리를 주렴, 모습을 보이렴!

잠시 후 어느 방의 모습이 보였다. 그러나 영상이 여전히 뿌연 것으로 보아 아폴론이 아직도 자신을 막고 있는 게 분명했다. 그나마 뭔가에 너무나 집중하고 있어서 아르테미스를 막는 데 미처 힘을 다 쓰지 못하는 것 같았다.

'좋아, 지금이 기회야!'

아르테미스는 인상을 찌푸리며 무엇이 보이는지에 정신을 집중했다.

'기다란 것들……. 과자? 아냐……. 막대기인가? 아, 알았다! 두루마리 책이야! 선반에 두루마리 책이 무수히 꽂혀 있어. 그렇다면 도서관인가? 복수학 시험공부를 하러 간 건가? 사실 나도 동생을 찾아다닐 때가 아니라 시험공부를 해야 하는데!'

그러나 아르테미스는 동생을 찾기로 마음먹었다.

아르테미스는 교정을 달려 학교 현관문으로 들어가 현관 로비를 성큼성큼 지나 아래층에 있는 도서관으로 향했다.

"아폴론?"

아르테미스는 도서관에 들어서자마자 큰 소리로 외쳤다. 그 소리에 도서관 사서인 에라토스테네스 선생님이 고개를 휙 들었다. 선생님은 쌍안경처럼 생긴 희한한 안경을 쓰고 있어서 눈이 보이지 않았다. 책상에 두루마리 지도가 펼쳐져 있는 것으로 보아 지도에 뭔가 표시를 하고 있던 모양이었다. 에라토스테네스 선생님이 말하듯이 입술을 움직였지만 아르테미스한테는 아무 소리도 들리지 않았다. 에라토스테네스 선생님은 아르테미스가 지금껏 만난 도서관 사서, 아니 지금껏 만난 모든 이 중에서도 가장 조용한 사람이었다.

아르테미스는 달리 누가 있는지 살피며 휘휘 주위를 둘러보았다. 그러나 에라토스테네스 선생님 말고는 도서관에 아무도 없었다.

"혹시 제 남동생 아폴론 보셨어요?"

에라토스테네스 선생님은 더 잘 보려는 듯 손을 들어 쌍안경의 초점을 아르테미스 쪽에 맞추었다.

"소년 신? 너보다 키는 크지만 머리칼과 눈은 똑같이 검은 색인 아이 말이냐?"

선생님의 목소리는 너무 나직해서 거의 들리지도 않았다. 그러나 아르테미스는 다행히 선생님의 입 모양을 읽고 내용을 알아들을 수 있었다.

"예, 맞아요."

에라토스테네스 선생님은 도서관을 휘휘 둘러보고 나서 대답했다.

"여기 없구나."

정확히 하자면, 아르테미스는 선생님이 아마 그렇게 대답했을 거라고 짐작했다. 그 말이 아니면 '어이 엄꾸나.'라고 말했을 텐데 그건 좀 말이 되지 않으니까.

에라토스테네스 선생님은 쌍안경의 초점을 다시 조절하고 하던 일을 계속했다. 매번 선생님은 지도에 뭔가를 썼다. 그때마다 지도가 마법처럼 획획 달라졌다. 나라의 경계가 바뀌고 바다가 늘거나 줄어들고 산이 솟아올랐다.

"아폴론이 아까 여기 와 있었나요?"

아르테미스가 끈질기게 질문을 던졌다. 솔직히 에라토스테네스 선생님으로부터 뭔가 정보를 얻어 내는 건 고통스러울 만큼 힘들었다.

'도서관 사서 선생님이라면 자고로 학생이 정보를 찾을 수 있도록 도와줘야 하는 거 아닌가?'

에라토스테네스 선생님이 속삭였다.

"그럴 수도 있겠다만, 설마 내가 여기 드나드는 아이들을 모조리 기억하리라고 생각하는 건 아니겠지?"

아르테미스는 속으로 생각했다.

'맙소사, 선생님, 여긴 그야말로 텅텅 비어 있잖아요. 드나드

는 학생이 몇이나 된다고.'

　에라토스테네스 선생님은 지도 만드는 데 너무 몰두해서 학생이 오가는 건 신경 쓸 겨를이 없는 것 같았다!

　결국 아르테미스는 도서관을 직접 한 바퀴 돌아보았다. 그러나 아폴론은 어디에도 없었다. 그래도 아르테미스는 아폴론이 한때 거기 있었다는 걸 확신했다. 마음의 눈으로 분명히 그곳을 보았기 때문이었다.

　도서관에는 책장마다 책이 가득했다. 그러나 가장 희귀하고 귀중한 두루마리 책은 '아르마리아'라고 하는 특별한 서고에 보관했다. 그런데 그 아르마리아 중 한 곳의 문이 반쯤 열려 있고 그 사이로 두루마리 하나가 삐죽 튀어나와 있었다. 아르테미스는 서둘러 그쪽으로 다가갔다. 《파르나소스의 동굴》이라는 제목의 두루마리 책이었다.

　'파르나소스의 동굴이라고? 흠. 이거 어쩐지 낯이 익은데?'

　아르테미스는 그 두루마리를 꺼내 가까운 탁자에서 펼쳐 내용을 살펴보았다. 아르테미스의 눈에 무시무시한 낱말이 파팍 걸려들었다.

"파르나소스 피톤의 동굴."

'아하!'

아르테미스는 '파르나소스'라는 말이 왜 그렇게 낯익었는지 그제야 알았다. 악명 높은 피톤이 사는 곳이 바로 파르나소스였다! 그렇다면 아폴론은 여기 시험공부를 하러 온 게 아니었다. 이번 올림픽의 특별 행사이자 가장 크고 위험한 마지막 경기 피톤오톤에서 사악한 뱀과 재치를 겨루고자 미리 정보를 얻으러 온 것이었다!

'피톤한테 혹시 약점이 있는지 알아내려고 온 걸까? 아폴론이 그걸 노렸다면 이 책은 아무 도움이 안 되는 것 같은데.'

《파르나소스의 동굴》에 따르면 피톤은 '끔찍한 괴물'로 파르나소스 동굴에 도사리고 있으며, '가느다란 다리를 가진 양과 그 주인에게 참혹한 짓을 저질렀다.'고 되어 있었다.

'오, 신이시여! 아폴론에게 양은 없지만, 아폴론 다리는 좀 가는 편인데.'

아르테미스의 걱정은 점점 커졌다.

'만약 둘이 싸우면 피톤이 내 동생을 잡아먹어 버릴까?'

물론 피톤이 아폴론의 목숨을 빼앗기란 불가능한 일이었다.

아폴론은 불멸의 존재이니까.

'그래도 통째로 꿀떡 삼키면 어떻게 하지? 그럼 불쌍한 내 동생은 피톤이 다시 토해 낼 때까지 배 속에 갇혀 있게 될 텐데. 게다가 혹시라도 친구들 앞에서 그런 일을 당하면 얼마나 창피하겠어? 자존심을 회복하려면 시간이 엄청 걸릴 거야. 게다가 아주 잠깐이더라도 누가 토사물에 섞여 있고 싶겠어?'

아르테미스는 두루마리를 도로 말아서 아르마리아에 넣고 문을 닫았다. 그러고는 두 눈을 감고 조용히 주문을 외우며 아폴론이 어디로 갔는지 알아내려 했다. 그러나 아무런 영상도 떠오르지 않았다. 이유는 한 가지밖에 없었다. 아폴론이 '날 좀 내버려 둬!'라고 하고 있는 게 분명했다.

그때 아르테미스는 퍼뜩 깨달았다.

'아하, 그래서 아르마리아의 문이 열려 있었구나!'

아폴론은 아르테미스가 자신을 보려 한다는 걸 느끼고 금방 뒤쫓아 올까 봐 엄청 급하게 떠난 게 분명했다.

'내가 피톤오톤에 나가지 말라고 잔소리하러 올 거라고 생각한 건가? 아니면 서명 운동 이야기를 듣고 동참하고 싶지 않아 가 버린 건가?'

아폴론의 이유가 무엇이든 아르테미스는 더 이상 아폴론을 뒤쫓지 않기로 마음먹었다.

'아폴론, 너만 감정이 상하는 게 아니야. 날 만나고 싶지 않다면 나도 됐거든. 혼자 내버려 둘게. 나 없이 얼마나 잘 지내는지 보자!'

아르테미스는 곧장 기숙사 방으로 돌아갔다. 방문을 열자 사냥개들이 반갑다고 달려드는 바람에 아르테미스는 거의 쓰러질 뻔했다.

'휴, 그래도 너희는 날 반기는구나!'

아르테미스는 바닥에 주저앉은 채 개들을 한꺼번에 꽉 끌어안고 털에 얼굴을 파묻었다. 어째서인지 아르테미스는 울고만 싶었다.

'난 정말 아폴론과 싸우고 싶지 않아.'

다행히 아르테미스는 동물과 함께 있으면 늘 위로를 얻기 때문에 이내 마음이 차분해졌다.

아르테미스가 새로 사료와 물을 채우고 있는데 누군가 문을 똑똑 두드렸다. 아르테미스

는 희망에 차서 외쳐 물었다.

"아폴론이니?"

공식적으로 남학생은 여학생 기숙사를 방문할 수 없지만, 그래도 가끔씩 드나들 때도 있었다. 예를 들어 누나한테 중요하게 사과를 할 일이 있다든가 하는 경우에 말이다.

"아냐, 나야."

아프로디테가 문 너머에서 대답했다.

"아, 들어와."

아르테미스는 자기 얼굴에서 실망한 티가 나지 않기만을 바랐다.

아프로디테는 문을 아주 조금씩 열더니 개들을 날카로운 눈으로 살피며 방으로 들어왔다. 개를 정확히 '싫어하는' 건 아니었지만, 그래도 아프로디테는 아르테미스의 또 다른 단짝을 썩 좋아하지 않았다. 사실 아프로디테는 약간이라도 지저분한 것은 뭐든지 싫어했다.

아르테미스는 속으로 빙그레 웃었다.

'그렇게 보면 아프로디테가 날 좋아하는 게 신기하다니까!'

"앉을래?"

아르테미스는 팔을 한 번 쓱 휘둘러서 잠옷으로 입는 추레한 키톤과, 촉을 다듬고 있던 화살 몇 대, 기타 등등의 허접스러운 물건을 침대에서 바닥으로 와르르 밀어 버렸다.

순간 아프로디테의 손가락이 꼼지락거렸다. 아르테미스는 아프로디테가 잡동사니를 말끔하게 정리하고 싶어서 손이 간질거린다는 걸 알아차렸다.

"어, 아냐. 됐어. 어쨌거나 고마워."

그러자 아프로디테가 대답했다.

"나도 금방 가야 해. 아래층에서 아레스랑 만나기로 했거든. 달리기 연습하는데 기록을 재어 달라고 해서 말이야."

"이렇게 늦은 시간에?"

아르테미스가 깜짝 놀라 되물었다. 창밖을 흘깃 쳐다보니 사방에 어둠이 가득했다.

'아, 하긴 경기장에는 횃불이 밝혀져 있겠구나.'

아프로디테가 설명을 더했다.

"아레스는 일부러 이 시간을 고른 거야. 그래야 혼자서 경기장 전체를 쓸 수 있으니까. 거인들이 돌아다닐 때는 땅이 흔들거려서 연습을 못하겠대."

"어제 복도에서 싸운 이유가 그거야?"

아르테미스가 묻자, 아프로디테는 고개를 가로저었다.

"아니. 아레스 말로는 에피알테스가 자기 발을 밟아서 넘어졌대. 에피알테스는 우연한 사고라고 했다는데, 아레스는 그렇게 생각하지 않는 거지."

아프로디테는 한숨을 푹 쉬더니 이야기를 계속했다.

"성미가 불같은 남자애 둘이 같은 올림픽 경기에 참가했으니 당연히 사고가 터지지. 특히 한쪽은 전쟁의 신이고, 한쪽은 성격 나쁜 거인이라면 말할 것도 없지 않겠어."

아프로디테는 이야기의 주제를 바꾸었다.

"내일 아침에도 학교 뜰에서 서명 운동을 받아야 할지 어쩔지 네 생각을 알고 싶어서 왔어."

아르테미스는 재깍 대답했다.

"당연하지. 오늘도 서명을 꽤 받았지만 그래도 많으면 많을수록 좋잖아. 주말 내내 서로 돌아가면서 자리를 지키자. 아테나와 페르세포네를 보면 그렇게 전해 줘. 내가 먼저 만나게 되면 내가 알릴게."

"좋아."

아프로디테는 돌아서서 방에서 나가려 했다. 그때 아르테미스가 뭔가를 보고 물었다.

"어, 그거 우리 탄원서야?"

아프로디테는 한쪽 팔에 분홍색 두루마리를 끼고 있었다. 나머지 탄원서 세 장은 아르테미스가 화살집에 넣어 안전하게 보관해 두었다.

"응."

아프로디테가 짓궂게 웃으며 대답했다.

"내가 아레스한테 거래를 하자고 했거든. 아레스가 탄원서에 서명하면 나도 기록을 재어 주겠다고 말이야."

아르테미스는 놀라서 고개를 뒤로 휙 젖히며 되물었다.

"아레스가 그러겠대?"

아프로디테는 고개를 끄덕였다.

"우아, 대단해! 그럼 아레스가 서명 운동에 동참하는 첫 번째 소년 신이 되는 거잖아! 그런데 그 대가가 정말 연습 기록을 재어 주는 것뿐이란 말이야?"

그러자 아프로디테가 활짝 웃으며 대답했다.

"아, 물론 이 말도 했지. 아레스가 서명하지 않으면 올림픽이 끝난 뒤 축하 행사 때 에피알테스랑 슈퍼파워 슈퍼마켓에 가서 넥타르 셰이크를 마실 거라고 말이야."

"아하! 그거면 아레스라도 꼼짝 못하겠는걸."

아프로디테가 떠나자 수에즈가 밖에 나가고 싶어서 낑낑거리며 발로 문을 긁었다. 아르테미스는 기꺼이 산책을 허락해 주기로 마음먹었다.

"좋아. 대신 잠깐 나갔다가 금방 돌아올 거야."

아르테미스는 화살집을 어깨에 둘러메고 활을 집어 들었다. 아르테미스가 문을 열자 세 마리 사냥개는 복도를 쌩하니 지나서 대리석 계단을 껑충껑충 뛰어 내려갔다.

아르테미스가 계단 아래에서 개들을 따라잡으려는 순간 악타이온이 나타났다. 사냥개들은 대번에 악타이온 곁으로 떼 지어 몰려들었다.

"애들아, 앉아!"

아르테미스가 명령을 내리자 팔딱거리던 개들이 동작을 범추었다. 그러나 여전히 호기심에 가득 차 악타이온의 냄새를 킁킁 맡았다.

"악타이온, 미안해. 녀석들이 왜 저러나 모르겠어."

악타이온은 사람 좋게 어깨를 으쓱하더니 말했다.

"아마도 나한테 '사슴의 털' 향수 냄새가 남아 있어서 그러는 거 아닐까?"

아르테미스는 창피해서 볼이 장밋빛으로 물들었다.

"그 일 말이야. 널 사슴으로 바꿔 버린 거. 정말 미안하게 생

각해. 내가 지나쳤어."

"괜찮아."

악타이온은 무릎을 꿇고 앉아서 넥타의 귀를 긁어 주었다. 그러자 기회를 놓칠세라 수에즈가 배를 긁어 달라고 바닥에 벌러덩 드러누웠다. 앰비는 꼬리를 흔들며 악타이온의 다리에 앞발을 대더니 목을 쭉 빼고 악타이온을 다정하게 올려다보았다.

"사실 꽤나 재미있는 경험이었어."

악타이온은 조금 버거워했지만 세 마리 개를 한꺼번에 쓰다듬으며 말했다.

"아르테미스, 너 사슴으로 변해 본 적 있니?"

"어? 아니. 그런 적 없어."

"사슴뿔이 어찌나 무겁던지! 그래도 항상 그렇게 빨리 달릴 수 있다면 토요일 달리기 경기 때 아레스를 이길 수 있을 거야."

아르테미스는 까르르 웃음을 터뜨렸다. 그러나 악타이온이 다시 일어서자 둘 사이에 어색한 침묵이 감돌았다.

"그럼……"

아르테미스는 청동 문을 향해 움직였다.

"잠깐만."

악타이온이 아르테미스에게 다가왔다.

"어제 널 분수대로 밀 생각은 전혀 없었어. 그건 사고였어. 누가 날 떠밀었거든. 그리고 '아르테미스, 나도 좀 보호해 줘.'라고 외친 것도 내가 아니야."

아르테미스는 고개를 끄덕이며 대답했다.

"알게 되어 다행이야. 그렇지 않아도 궁금했거든."

"그리고 널 보고 웃었던 거 미안해."

"괜찮아. 내가 생각해도 내 모습이 웃겼을 것 같아."

"원하면 날 분수대에 밀어도 돼."

악타이온의 제안에 아르테미스는 함박웃음으로 답했다.

"제안은 고마워. 그런데 내가 널 사슴으로 바꿔 버렸으니 이미 서로 주거니 받거니 한 거지 뭐."

아르테미스는 악타이온을 분수대로 끌어들이려다가 도로 자기만 빠져 버렸다는 이야기는 하지 않기로 마음먹었다. 마침 아르테미스의 개들이 현관문으로 달려가 밖으로 나가자고 안달했다.

"산책 가는 거야?"

악타이온이 물었다.

"응."

"같이 가 줄까?"

"오래 있지 않을 거야. 걔들이 그…… 음, 알잖아. 그거 하러 갈 거라서."

아르테미스의 얼굴이 다시 발개졌다.

'어휴, 나도 참. 굳이 설명할 필요는 없는데.'

"아."

악타이온은 뒤로 한 걸음 물러나며 말했다.

"알았어. 그럼 다음에 같이 가자."

악타이온이 돌아섰다.

"아차, 잊을 뻔했네."

아르테미스가 악타이온을 불렀다.

"악타이온, 탄원서에 서명해 줘서 고마워."

"무슨 소리야. 도움이 되면 좋겠어."

악타이온은 아르테미스가 좋아하는 천상천하 밴드의 노래를 나직하게 휘파람 불며 대리석 계단을 올라갔다.

아르테미스는 그 모습을 물끄러미 바라보며 생각했다.

'오, 신이시여! 같이 가겠냐고 물었을 때 왜 그냥 '그래.'라고 답하지 않았을까? 이러니 친구들 중에서 나만 남자 친구가 없지. 물론 남자 친구가 있었으면 하는 건 절대 아니지만. 그래도 악타이온은 좀 귀엽잖아. 성격도 좋고. 걔들도 악타이온을 좋

아하는걸.'

아르테미스는 사냥개들을 데리고 밖으로 나가서 학교 뜰 가장자리를 따라 걸었다. 개들이 볼일을 마치자 아르테미스는 얼른 개들을 불러 모아 약속했다.

"내일은 좀 더 오래 산책하도록 할게."

학교로 돌아가서 기숙사로 가는 계단을 오르는 동안 계속 아르테미스는 악타이온과 마주치기를 바랐다.

'그 애한테 뭘 기대한 거야? 계단에 앉아서 날 기다리기라도 바란 거야?'

아르테미스는 스스로를 나무랐다. 사실 악타이온과 만나도 딱히 할 말이 없었다. 아르테미스는 방에 개들을 몰아넣고 아테나의 방으로 가서 문을 두드렸다.

'아테나랑 이야기를 좀 해야겠어.'

안에서 목소리가 들리더니 아테나의 룸메이트인 판도라가 문을 열었다. 판도라는 금색 물음표 무늬의 파란색 잠옷을 입고 있었다.

"들어올래?"

판도라가 물었다.

"샤워하러 가려는 참이었는데, 어, 칫솔을 안 챙겼나?"

판도라는 질문으로 시작되지 않는 말도 결국 질문으로 끝을 맺었다.

"샤워 잘해."

아르테미스는 방으로 들어서고, 판도라는 방을 나섰다.

아테나는 침대에 앉아 베개에 등을 대고 무릎에 보라색 복수학 두루마리 교과서를 올려놓고 있었다. 교과서를 보자 아르테미스는 시험공부 생각이 다시 떠올랐다.

"어, 아르테미스 왔구나."

아테나가 고개를 들며 인사를 건넸다.

"경기 끝나고 애들이랑 슈퍼파워 슈퍼마켓에 가서 셰이크 마셨어."

아테나는 복수학 두루마리 교과서를 옆에 내려놓고 팔로 무릎을 감쌌다.

"남자애들이 그러는데 아폴론이 피톤오톤에 지원했다더라."

아르테미스는 판도라의 침대에 풀썩 주저앉아서 아테나를 마주 보았다.

"그래, 자기 입으로 그럴 거라고 하더라고."

아르테미스는 판도라의 침대에 놓여 있던 마법 예언 구슬을 집어 들었다. 반짝이는 예언 구슬은 크기가 작은 수박만 한데,

점쟁이들이 만들어 불멸 쇼핑센터에서 팔았다.

"내 남동생이 과연 피톤을 무찌를 수 있을까?"

아르테미스가 구슬에게 질문을 던지고 숨을 죽인 채 구슬을 허공에 던져 올렸다. 아르테미스와 아테나는 구슬 쪽으로 몸을 기울이고 대답을 기다렸다. 예언 구슬은 정신없이 빙글빙글 돌더니 답을 알렸다.

"참 그리고 거짓."

"뭐라고? 그게 무슨 소리야?"

아테나는 풋 하고 웃음을 터뜨렸다.

"예언이란 게 늘 그렇잖아. 정확한 뜻을 알기 어려워."

아르테미스는 예언 구슬을 다시 잡으며 대꾸했다.

"정말 그렇기는 해."

아테나는 아르테미스한테 구슬을 받아서 옆에 내려놓더니 다시 말을 꺼냈다.

"아무래도 아폴론은 죽음을 동경하나 봐. 헤라클레스가 지원하지 않아서 다행이지 뭐야. 그 애는 인간이잖아. 듣자 하니 피톤은 사람의 몸을 옥죄어서 순식간에……. 어머, 미안."

아테나는 얼른 손으로 입을 막았다. 자기도 모르게 아르테미스를 겁주었다는 걸 깨달은 모양이었다.

"아르테미스, 걱정 마. 아폴론은 불멸의 존재잖아. 그러니 심하게 다칠 일은 없어."

"신체적으로는 그렇겠지. 그렇지만 아폴론은 지면 창피해서 죽어 버릴 거야!"

"그럼 왜 굳이 나가려는 거지?"

아르테미스는 다리를 쭉 뻗고 드러누웠다. 그러고는 손에 턱을 고이고 아테나를 바라보았다.

"사실…… 아폴론은 헤라클레스를 질투하고 있어."

"진짜?"

아테나는 정말 놀란 표정이었다.

아르테미스는 고개를 끄덕인 다음 사연을 들려주었다.

"넌 그 애가 과업을 수행할 때 도와서 누구보다 잘 알잖아? 헤라클레스가 무시무시하고 어마어마한 괴물을 어떻게 무찔렀는지 말이야. 거기다 교장 선생님이 새 신전에 그 과업을 벽화로 그려서 장식했잖아. 우리 학교에 다니는 소년 신 가운데 그런 명예를 바라지 않는 애가 누가 있겠니?"

"그렇지만 아폴론은 신이잖아!"

아테나는 기가 막히는지 목소리가 높아졌다.

"한 번도 그런 말을 한 적은 없지만, 헤라클레스는 정말로 신이 되고 싶어 해. 난 몇 번이나 그런 느낌을 받았는걸."

아테나는 잠시 말이 없었다.

"인간이라면 누구나 그렇지 않겠어?"

"내 동생한테는 신이라는 사실만으로는 부족한가 봐. 아폴론은 자기 신전을 얻고 싶대. 그러면 더 많이 존경받게 될 거라고 생각하거든."

그러자 아테나가 되물었다.

"더 많은 존경? 정말 남자애다운 소리다."

아르테미스는 고개를 주억거렸다.

"아테나, 난 아폴론이 걱정돼."

"당연하지."

아테나는 아르테미스가 가엾다는 듯이 말했다.

"그럴 만해. 너희 남매는 정말 사이가 좋으니까."

그 말에 아르테미스는 눈길을 옆으로 쓱 돌렸다.

"그렇지도 않아. 요즘 난 잘못된 행동만 하는 것 같아."

아르테미스는 판도라의 침대보에 그려진 파란색과 금색의 소용돌이를 손가락으로 뱅글뱅글 따라 그렸다.

"내가 도와주려고 하면 아폴론은 창피해하고 화를 내. 아폴론은 내가 가끔 누나가 아니라 엄마같이 군다고 생각해!"

"어머나! 그건 정말 상처 주는 소리인걸."

"그렇다니까."

아르테미스는 말을 이었다.

"게다가 오늘 저녁에 아폴론을 찾으려고 마음의 눈을 쓰려 했더니 날 막더라고."

그러자 아테나가 슬그머니 놀려 댔다.

"아마 네가 탄원서에 서명해 달라고 할까 봐 그랬을지도 모르지."

아르테미스는 키득키득 웃으며 대답했다.

"안 그래도 해 달라고 할 작정이었어. 그런데 지금은 솔직히 아폴론이 서명 운동에 대해 알고나 있는지 모르겠어."

그 순간 아테나의 창문 밖에서 가볍게 똑똑 두드리는 소리가 났다. 아테나와 아르테미스가 창문을 쳐다보았더니 유리창 너머에 돌돌 말린 파피루스 한 장이 둥둥 떠 있었다.

"잠깐만 기다려."

아테나가 소리치며 방을 가로질러 창문으로 갔다. 창문이 열리자 마법 바람이 안으로 두루마리를 밀어 넣어 바닥에 떨어뜨렸다.

바쁘다 바빠.

맨날 바빠.

언제 다 끝나나.

마법 바람은 투덜대더니 쌩하고 떠나 버렸다.

아테나는 두루마리 편지를 줍다가 "꺅!" 하고 비명을 지르며 다시 떨어뜨렸다. 편지에서 작은 불꽃이 파팍 하고 일더니 금방 쉬익 하고 사라졌다.

"오, 이런."

"교장 선생님한테서 온 거야?"

아르테미스는 무슨 내용인가 해서 아테나 곁으로 다가갔다. 아테나는 이번에는 편지를 무사히 집어 들고 고개를 끄덕여 제우스의 편지라고 알려 주었다. 아테나는 얼른 두루마리를 펼쳐 내용을 쓱쓱 훑어보았다.

친애하는 티니에게

여학생끼리 올림픽을 열기 위해서 네가 서명 운동을 벌이고 있다는 소문을 들었다.
신들의 제왕이자 하늘을 지배하는 자로서 명하노니
당장 그만두도록 해라.
어차피 탄원서를 내어 봐야
내 뜻은 흔들리지 않을 테니까.
여학생끼리 여는 올림픽 같은 건
절대 없을 거다.
이게 최종 결정이야!

사랑하는 아빠
제우스 신으로부터

"좋은 소식이 아니야."

아테나는 아르테미스에게 보라고 편지를 내어 주었다.

아르테미스는 깊은 한숨을 몰아쉬었다.

"오, 신이시여. 우리 이제 어떻게 하지?"

아테나도 한숨을 쉬었다.

"할 수 있는 게 별로 없어. 아빠는 한 번 마음먹으면 절대로 바꾸지 않으니까."

아테나는 갑자기 인상을 팍 쓰며 물었다.

"누가 아빠한테 탄원서 얘기를 한 거지?"

아르테미스가 대답했다.

"파마는 아니야. 파마는 이 생각을 좋아했어."

"그럼 남학생 중 하나일까?"

아테나의 물음에 아르테미스는 고개를 끄덕였다.

"아마 그렇겠지."

아르테미스는 부디 아폴론이 범인이 아니기만 바랐다. 아르테미스가 서명 운동에 관해 직접 말하지는 않았지만, 그래도 다른 아이한테서 얼마든지 그 소식을 들을 수 있었다.

사실 범인이 누구든 상관없었다. 여학생만의 올림픽을 열겠다는 포부가 시작도 못 한 채 최후를 맞을 판국이었다. 아르테미스는 자신을 지지해 준 여학생들에게 이 소식을 전하고 싶지 않았다.

'나도 그렇지만 다른 애들이 정말로 실망할 텐데!'

결혼 이야기

"모두의 기운을 북돋을 소식이 있어."

금요일 점심시간, 페르세포네가 친구들에게 말을 걸었다.

"좋아. 지금은 그런 게 필요해."

아르테미스가 반색하며 페르세포네를 맞았다.

그날 아침 온 학교에 제우스가 여학생들끼리 따로 올림픽을 열고 싶다는 소망을 무참히 부숴 버렸다는 소식이 전해졌다. 그 일로 점심시간 학생 식당은 어느 때보다 더 시끌벅적했다. 많은 여학생이 그 소식에 크게 실망했다. 그중 메두사 같은 아이는 아르테미스가 괜히 여학생들한테 헛된 기대를 줬다며 탓을 하기도 했다.

"오늘도 네메시스 선생님 대신 헤라 여신님이 들어오셔."

페르세포네는 1교시에 복수학 수업을 들었다.

"내일은 올림픽이 열리기도 하고, 또 주말이기도 하니까……."

페르세포네는 일부러 시간을 끌며 친구들의 긴장을 높였다.

"오늘 시험이 다음 주 월요일로 연기됐어!"

아프로디테는 "와!" 하고 함성을 질렀다.

"아, 정말 다행이야. 드디어 뭔가 좋은 일이 생겼어!"

"이야호!"

아르테미스도 신나서 소리쳤다.

어젯밤 아르테미스는 너무 실망해서 공부에 집중할 수가 없었다. 게다가 모두 포기해 버린 상황에서도 여전히 교장 선생님의 마음을 바꿀 방법을 찾으려고 머리를 굴리느라 공부를 하나도 못 했다. 그러니 시험 준비가 되어 있을 턱이 없었다!

점심 식사 바로 후에 복수학 수업을 듣는 아테나만 시험이 연기되었다는 소식을 못마땅해했다.

"왜 기다려야 하는지 모르겠어. 그냥 헤라 님이 감독하면 되잖아?"

짜증을 내는 아테나를 보며 아르테미스는 생각했다.

'시험을 반기는 아테나야, 그냥 네가 대표로 시험 보면 안 되

겠니? 하긴 나도 아테나만큼 공부를 했다면 시험이 늦춰지는 게 달갑지 않을 거야.'

그날 오후, 아르테미스는 복수학 교실에 들어서자마자 아폴론을 찾았다. 그러나 아폴론은 아직 안 온 모양이었다. 아르테미스가 자리로 가느라 곁을 지나자 에피알테스가 잡아먹을 듯이 노려보았다.

"너희의 그 멍청하기 짝이 없는 탄원서 이야기는 들었어."

에피알테스가 덩치에 어울리지 않는 높은 목소리로 말했다.

"보나마나 남학생은 아무도 서명하지 않았겠지!"

에피알테스는 소식이 늦어도 한참 늦는 것 같았다. 하지만 아르테미스는 제우스가 서명 운동을 막았다는 말을 차마 꺼낼 수가 없었다. 그래서 자기도 모르게 이렇게 대답해 버렸다.

"오토스가 서명했어."

아르테미스는 말을 뱉자마자 그 말을 꺼낸 걸 후회했다.

에피알테스는 그런 끔찍한 소리는 처음 들었다는 표정이었다. 오토스에게 문제가 생기길 바라지 않는다면 한시라도 빨리 그 서명 운동이 제우스한테 딱지를 맞아 끝나 버렸다고 자백해야 했다. 그러나 아르테미스가 억지로 입을 떼려는 순간 헤라가 교실에 들어와 학생들을 조용히 시켰다.

"지금쯤이면 여러분도 거의 다 알고 있겠죠? 시험은 월요일로 연기되었어요."

헤라의 말에 모든 학생이 환호성을 질렀다. 아르테미스는 얼른 교실을 훑어보았다. 아직도 아폴론은 없었다.

'어, 아폴론은 수업에 빠진 적이 없는데. 무슨 일이지?'

헤라가 다시 말을 이었다.

"난 복수학 전문가가 아니니까 오늘 수업에는 내가 잘 아는 주제를 이야기하도록 하겠어요. 오늘 우리는 다양한 문화권의 결혼 풍습을 살펴볼 겁니다."

남학생들은 대번에 끙 하고 신음 소리를 냈지만 여학생들은 신이 나서 자기들끼리 속살거렸다. 아프로디테는 호기심이 드는지 자세를 바짝 고쳐 앉았다. 솔직히 아르테미스가 보기에 결혼 풍습은 복수학 수업 주제 치고는 지나치게 특이했다. 그러나 웨딩샵 주인이니만큼 헤라는 이 방면의 전문가임에 틀림없었다.

"복수학 수업 주제로 삼기에 좀 낯선 주제라는 거 알아요."

헤라는 마치 아르테미스의 마음을 읽기라도 한 것 같았다.

"그렇지만 각기 다른 문화에 속한 이들이 서로에 대해 더 잘 알게 되면, 쓸데없는 오해를 막을 수 있고, 따라서 복수를 할 필요도 없어지겠죠. 그러면 우선 그리스 풍습부터 살펴볼까요?"

헤라가 설명을 이었다.

"여러분도 알다시피 그리스의 결혼식은 해가 진 뒤, 면사포를 쓴 신부가 마차를 타고 신랑의 집으로 오면서 시작됩니다."

몇몇 여학생이 낭만적이라는 듯이 한숨을 폭 쉬었다.

"신부의 가족과 친구들이 곁에서 횃불을 들고 길을 밝혀 주지요."

헤라는 잠시 설명을 멈추고 물었다.

"또 어떤 행사가 있을까요?"

파마가 손을 번쩍 들었다.

"악사도 부르지 않나요?"

파마의 입에서 작은 구름 글자가 퐁퐁 솟아올라 머리 위에 둥둥 떠다녔다.

"악사들이 리라와 피리를 연주하잖아요."

헤라가 고개를 끄덕이자, 이번에는 아프로디테가 말했다.

"그리고 신부가 가는 길에 다른 여자들이 꽃과 과일을 던져 줘요."

교실 뒤쪽에 앉은 남학생 하나가 짜증 난다는 듯이 끙 소리를 내자 남학생들이 따라서 키득거렸다.

아르테미스는 그쪽을 쳐다보며 인상을 팍 썼다.

"야, 운동선수들이 승리를 축하하며 행진할 때도 관중들이 그렇게 하잖아."

헤라가 아르테미스를 향해 빙그레 웃으며 말했다.

"맞아요. 두 축하 행사가 비슷하다는 점이 흥미롭지 않나요? 여러분 어떻게 생각해요? 결혼식은 여성에게 승리의 행진인 걸까요?"

아레스가 고개를 끄덕이며 대답했다.

"예. 남녀가 결혼하면 여자가 이기고 남자는 완전히 지는 거니까요!"

남학생들이 동의한다는 듯이 웃었다. 조금 전보다 웃음소리가 더 컸다. 아프로디테가 아레스를 노려보자 아르테미스는 속으로 외쳤다.

'야, 아레스, 조심해. 안 그럼 아프로디테랑 데이트 기회가 또 날아가 버릴걸?'

아르테미스는 다시 토론에 끼어들었다.

"저는 결혼보다는 운동 경기에서 승리하는 쪽이 좋아요."

아르테미스의 의견에 누가 대답할 겨를도 없이 에피알테스가 대뜸 말을 꺼냈다.

"우리 거인족은 그렇게 복잡한 풍습이 없어요. 결혼하고 싶으면 그냥 신부를 데려오면 돼요."

그 말에 남학생들이 "푸하하!" 하고 웃었고, 여학생들은 화를 냈다.

아글라이아가 황당하다는 듯이 물었다.

"그럼 신부한테 청혼도 안 한단 말이야?"

아프로디테도 짜증이 나서 언성을 높였다.

"너무 야만적이야!"

아르테미스도 한마디를 거들었다.

"완전 모욕적이고 무례하기 짝이 없어."

"맞아."

여학생들이 입을 모아 외치며 에피알테스를 노려보았다.

에피알테스는 넓은 어깨를 축 늘어뜨리더니 조그만 목소리로 웅얼거렸다.

"내가 풍습을 정한 게 아니잖아. 그냥 우리는 그렇게 해."

지금껏 잠자코 학생들의 이야기를 듣고 있던 헤라가 나섰다.

"사실 스파르타에도 비슷한 풍습이 있답니다. 남자가 싸움에서, 물론 이 싸움은 순전히 보여 주기가 목적이지만, 어쨌거나 힘자랑을 한 후 신부를 어깨에 둘러메고 데려오지요."

아르테미스는 인상을 팍 찌푸렸다.

'아니, 헤라 여신님은 지금 누구 편을 드는 거지?'

아니나 다를까 에피알테스가 헤실헤실 웃고 있었다.

"그럼 만약 제우스 교장 선생님이 재혼을 한다면 어떤 풍습을 따를 거라 생각하세요?"

파마가 교활한 질문을 던졌다. 파마의 입에서 나온 구름 글자에 결혼식 꽃다발과 비둘기 장식까지 붙어 있었다. 섬세한 구름 글자가 허공을 잠시 맴돌더니 이내 폭 하고 사라졌다.

헤라는 파마를 쳐다보며 '글쎄…….'라는 듯이 한쪽 눈썹을 움찔거렸다.

"그건 교장 선생님과 그분의 신부가 될 분이 결정할 문제겠지요."

토론이 계속 이어지고, 시간이 어느새 훌쩍 흘러갔다. 드디어 수업 종료를 알리는 리라종이 울리자 아르테미스는 아프로디테와 함께 교실 문으로 걸어갔다.

아프로디테가 살짝 속삭였다.

"교장 선생님과 헤라 님은 아주 귀여운 커플이 될 것 같아. 내가 장담하는데 두 분은 조만간 결혼하실 거야."

아르테미스는 레슬링 경기 때 헤라가 제우스의 볼에 입을 맞추던 장면을 떠올렸다.

"그래, 그렇게 되더라도 새삼스럽지 않겠다."

아르테미스는 헤라 쪽을 흘긋 쳐다보았다. 헤라는 네메시스 선생님의 책상에 메모를 남기고 있었다. 아르테미스는 급히 마음의 결정을 내리고 아프로디테에게 말했다.

"조금 있다가 뒤따라갈게. 괜찮지? 헤라 님과 잠깐 이야기를 나눠야겠어."

아르테미스는 아프로디테가 이유를 물을 기회도 주지 않고서 곧장 교탁으로 다가갔다. 아르테미스가 다가오는 걸 보고 헤라가 고개를 들며 미소를 지었다.

"헤라 님, 잠깐만 시간 내주시겠어요? 드릴 말씀이 있어요."

"물론이지. 아르테미스, 무슨 일이니?"

아르테미스는 메고 있던 화살집을 내려 바닥에 화살을 와르르 쏟고 통에 손을 쑥 밀어 넣었다.

"이거요."

아르테미스는 꼬깃꼬깃해진 파피루스 몇 장을 꺼내 들었다.

"여학생 올림픽을 위한 탄원서예요."

헤라는 구겨진 종이를 받아들더니 책상에 놓고 잘 폈다. 그러고는 학생들의 서명을 찬찬히 살펴보았다.

아르테미스는 헤라가 탄원서에 대해 찬성하는지 반대하는지 알 수가 없었다. 그래서 얼른 하고 싶은 말을 했다.

"저만의 생각이 아니에요. 아테나, 아프로디테, 페르세포네 모두 힘을 합쳐 도와줬어요. 많은 여학생이 이 일에 관심을 보였고요. 심지어 남학생도 몇 명 서명했어요. 여기 보이시죠?"

아르테미스는 명단에 나온 남학생 이름을 가리켰다. 그러고는 잠시 망설이다가 덧붙여 말했다.

"그런데 교장 선생님은 전혀 신경 쓰지 않으세요. 이미 결정을 내리셨기 때문에 우리가 탄원서를 내도 마음을 바꾸지 않을 거라고 하세요."

그 말에 헤라의 눈썹이 휙 솟구쳤다.

"그래?"

아르테미스는 뭔가 일이 잘 풀릴 것 같은 예감에 슬슬 흥분하기 시작했다.

'헤라 님도 교장 선생님 반응에 짜증이 난 것 같아!'

아르테미스는 하고 싶던 마지막 말을 했다.

"혹시 교장 선생님을 설득해 주실 수 있으세요? 교장 선생님이 한 번 결정을 내리면 결코 마음을 바꾸지 않는다는 거 저희도 잘 알아요. 하지만 여학생 올림픽이 괜찮은 생각 같다고 헤라 님께서 말씀하시면 교장 선생님도 들으실지 몰라요."

헤라는 펜으로 탄원서를 톡톡 두드리며 한숨을 푹 쉬었다.

"나도 여학생 올림픽이 좋은 생각이라고 여겨. 하지만 제우스 교장 선생님과 난 이미……."

"그리고 공평한 생각이에요."

아르테미스가 불쑥 끼어들었다.

"이렇게 하자꾸나."

헤라가 파피루스를 모으며 말했다.

"일단 내가 이걸 가져가마. 그리고 어떻게 도울 수 있을지 살펴보도록 할게."

'아싸! 됐어!'

아르테미스는 속으로 환성을 질렀다.

'여학생 올림픽은 아직 끝장난 게 아닐지도 몰라.'

아르테미스는 마지막으로 할 말이 하나 더 있었다.

"그런데 한 가지 걱정되는 게 있어요. 교장 선생님이 이 명단을 보신 후에 서명한 학생들이 곤란에 처하면 어떻게 하죠?"

그러자 헤라가 엄숙하게 대답했다.

"그런 일은 없을 거야. 내가 약속할게."

아르테미스는 화살집을 다시 메다가 퍼뜩 어떤 생각이 떠올랐다.

'내가 조금 전에 헤라 님 말을 잘랐을 때, 혹시 헤라 님은 교장 선생님과 여학생 올림픽에 대해 이미 이야기를 나눠 봤다고 하려던 것이었을까? 그럼 어젯밤 레슬링 경기 때 두 분이 입씨름을 하던 게 그 문제 때문일 수도 있겠다!'

아르테미스는 헤라를 더 곤란하게 하고 싶지 않았다. 그러나 지금으로서는 헤라가 아르테미스의 편을 들어줄 수 있는 유일한 존재였다.

"헤라 님, 고맙습니다. 전, 어, 그러니까 저희 여학생들은 헤라 님께서 도와주시는 데 대해 진심으로 감사 드리고 있어요."

헤라는 고개를 까딱이며 답례를 했다.

"최선을 다해 볼게."

헤라는 잠시 망설이다가 한마디를 덧붙였다.

"그런데 성공하리라는 보장은 할 수가 없어. 너도 그 점은 알고 있지?"

아르테미스는 고개를 주억거렸다.

"교장 선생님이 어떤 결정을 내리시더라도, 저희는 헤라 님께서 애쓰신 점을 기쁘게 여길 거예요."

헤라가 조심스럽게 경고를 했지만, 그래도 교실을 나서는 아르테미스의 마음은 희망으로 가득 찼다. 한편 아르테미스는 당분간 이 희망을 혼자서 간직하는 게 낫다는 걸 알고 있었다. 친구들과 지지해 준 여학생들을 또 실망시킬 수는 없었다.

'헤라 님이 우리의 마지막 희망이야. 만약 헤라 님마저 교장 선생님의 생각을 돌리지 못하면 여학생 올림픽은 그야말로 물거품이 되는 거야.'

12
피톤

　아르테미스는 복도를 걸어가다가 거인 하나가 학교 문 밖으로 나서는 걸 보았다. 에피알테스인지 오토스인지 불분명했지만 아르테미스는 얼른 거인을 뒤따라갔다.
　'얼른 설명하지 않으면 문제가 생길지도 몰라.'
　학교 바깥으로 나선 아르테미스는 그 자리에 우뚝 섰다. 학교 뜰 곳곳에서 학생들이 무리지어 서서 하늘을 올려다보고 있었다.
　'뭘 보는 거지?'
　아르테미스는 호기심을 이기지 못하고 올려다보았다.
　하늘 높이 헤르메스의 날개 달린 전차가 구름 속으로 사라지고 있었다. 이제 막 올림포스 학교를 떠난 것 같았다. 아르테미스는 계단 아래에서 파마를 발견하고 서둘러 다가갔다.

'소문의 여신이라면 무슨 일인지 알겠지!'

파마도 아르테미스를 보자 오렌지 빛 립글로스를 바른 입에서 연기 글자를 퐁퐁 내뿜으며 말했다.

"헤르메스 택배에서 지금 막 피톤을 배달하고 갔어! 배달 중에도 아저씨한테 속임수를 쓰는 통에 하마터면 비행 중이던 아저씨가 잡아먹힐 뻔했다더라."

연기 글자가 파마의 머리 위로 솟아올라 문장을 이루자 근처에 있던 학생들이 읽어 보고 기겁했다.

"흠."

아르테미스는 파마의 말이 사실일지 속으로 헤아려 보았다.

'아마 앞부분은 사실일 거야. 피톤이 도착했어. 그런데 뒷부분은 글쎄, 좀 미심쩍은걸.'

아르테미스는 아폴론의 안전이 한층 더 걱정되었다. 두려움이 아르테미스의 등골을 타고 스멀스멀 기어올랐다.

'도대체 얘는 어디에 있는 거야?'

파마는 아르테미스의 걱정을 눈치채지 못한 채 신이 나서 소리쳤다.

"피톤오톤은 정말 흥미진진할 것 같아! 그런데 난 정작 경기를 놓치게 되어 안타까워."

그리고 파마는 더 말이 없었다.

아르테미스는 잠깐 시간이 흐른 뒤에야 파마의 침묵을 이해했다. 파마는 왜 피톤오톤 경기를 구경하지 못하는지 물어 주기를 기다리고 있었다.

아르테미스가 마침내 질문을 던졌다.

"어, 왜 놓치게 됐는데?"

"응, 사실 별일 아니야."

파마가 또 침묵했다.

"별일이 아니면 그냥 안 하면 되잖아?"

아르테미스는 깃털이 자기 발에 살포시 내려앉는 걸 보며 물었다. 아마 헤르메스의 전차 날개에서 떨어진 것 같았다.

"내가 어떤 작은 예식에 참가해야 하거든."

아르테미스가 깃털을 주워드는 사이 파마가 열심히 설명을 했다.

"아테네 사람들이 날 경배하느라 작은 신전을 짓기로 했대."

"진짜?"

아르테미스는 깜짝 놀라서 파마를 똑바로 쳐다보았다.

"뭣 때문에?"

아르테미스는 자기 질문이 너무 무례하게 들리지 않기를 바랐다. 그렇지만 솔직히 아무한테나 신전을 지어 준다는 생각이 드는 건 어쩔 수 없었다.

파마는 자랑스럽게 대답했다.

"영웅 주간에 내가 했던 일에 대한 고마움의 표시래. 내가 아테네 여자들이 아프로디테를 만날 수 있게 주선했잖아."

아르테미스는 손가락 사이에서 깃털을 빙빙 돌리며 기억을 떠올렸다. 그 당시 아르테미스는 이집트에 있었는데, 나중에 아프로디테가 파마의 도움을 받아 아테네에서 이상형 찾기 대회를 열었다고 전해 주었다.

아르테미스가 파마에게 축하한다고 말하려는 순간 누가 옆에서 묻는 소리가 들렸다.

"그럼 지금 피톤은 어디에 있는 거지?"

파마는 소문의 여신답게 가장 먼저 소식을 전하려고 얼른 나섰다.

"체육관에 있어! 지금 막 거기서 헤르메스 택배 전차가 떠나는 걸 봤거든."

아르테미스는 그 말이 아마 사실일 거라 생각했다. 내일 마지막 경기가 체육관에서 열리니 그곳에 피톤을 두는 게 맞을 것 같았다. 아무도 그렇게 위험한 괴물을 이리저리 옮기고 싶어 하진 않을 테니까.

아르테미스는 깃털을 휙 날리며 속으로 생각했다.

'그 괴물의 모습을 한번 보면 좋겠는걸. 피톤을 직접 보면 아폴론에게 어떻게 싸우면 좋을지 알려 줄 수 있을지도 모르잖아!'

물론 아폴론은 아르테미스의 도움을 원하지 않는다고, 사실 도와주는 게 짜증 난다고 분명히 꽝꽝꽝 못 박아 말했다.

'그래도 아폴론은 내 동생인 걸 어떻게 해?'

아르테미스는 정말로 아폴론에게 마음이 쓰였다.

'에잇, 날 아테네 법정에 고소할 테면 하라고 해. 어쨌거나 난 아폴론을 도울 거니까!'

체육관으로 떠나기 전 아르테미스는 얼른 주위를 둘러보며 거인을 찾았다. 오토스와 에피알테스를 찾는 건 식은 죽 먹기였다. 그 둘의 모습이 학교 뜰 저편에 엄청나게 부어올라 화끈거리는 엄지손가락처럼 툭 튀어나와 있었다. 쌍둥이 형제의 얼굴에 긴장이 어린 것으로 보아 둘은 말싸움을 하는 중이었다.

'오, 이런. 늦어 버렸네. 여학생들의 탄원서에 서명한 일을

에피알테스한테 말해 버렸다고 경고하려 했는데. 에피알테스가 오토스를 너무 못살게 굴지 않아야 하는데!'

하는 수 없이 아르테미스는 체육관으로 향했다. 체육관에서 가장 가까운 운동장 가장자리에 이르자 갑자기 땅이 흔들렸다. 아르테미스가 돌아보니 오토스가 운동장을 가로질러 아르테미스에게 달려오고 있었다.

아르테미스는 오토스가 말을 꺼내기 전에 먼저 물었다.

"에피알테스가 탄원서 일 때문에 화를 낸 거야?"

오토스는 한숨을 푹 쉬었다.

"그래. 내가 서명한 걸 썩 반기지는 않았어."

"미안해. 말할 생각은 없었는데 그냥 튀어나왔어."

"걱정 마."

오토스는 어깨를 들썩하더니 말을 이었다.

"결국 누군가는 말하게 되어 있으니까. 시간이 지나면 에피알테스도 화를 풀 거야."

오토스는 잠시 머뭇거리다 말을 덧붙였다.

"에피알테스는 성미가 불같아. 게다가 나랑 늘 생각이 같은 것도 아니고. 그렇더라도 우리 사이에는 결코 끊어지지 않는 끈 같은 게 있어."

오토스는 아르테미스의 눈을 그윽이 바라보며 물었다.

"내가 무슨 말을 하는지 알겠어?"

아르테미스는 고개를 끄덕였다. 오토스의 말을 진심으로 이해할 수 있었다.

"나랑 아폴론도 그래."

아르테미스는 속으로 우울하게 한마디를 덧붙였다.

'적어도 예전에는 그랬지. 난 우리 사이에 사랑과 믿음으로 엮인 끈이 있다고 느꼈어. 그런데 아폴론도 그랬을까?'

가까운 경기장에서 "와!" 하는 함성이 들렸다. 달리기 선수들이 경기장을 돌기 시작했기 때문이었다.

"아르테미스, 넌 정말 좋은 아이야."

오토스가 말했다.

"올림포스 학교 학생 대부분은 나랑 말도 안 하는데. 이곳에 친구가 한 명이라도 있다고 생각하면 마음이 편해져."

"어이, 오토스!"

경기장 가장자리에서 헤라클레스가 소리쳤다.

"이리 와. 실력 한번 보여 줘!"

아르테미스는 오토스를 향해 방긋 웃었다.

"친구가 둘은 되는 것 같은걸?"

오토스도 따라서 씩 웃더니 헤라클레스에게 손을 흔들었다.
"금방 갈게!"
오토스는 아르테미스를 돌아보며 물었다.
"나중에 또 볼 수 있는 거지?"
"그럼 좋지."
아르테미스는 진심이었다. 게다가 오토스가 아르테미스를 헤라클레스와 같이 편한 친구로 여긴다는 걸 알고 나니 마음이 편했다.
'휴, 다행이다!'
오토스가 떠나자 아르테미스는 운동장을 지나 그냥 산책 나온 척하면서 슬며시 체육관 쪽으로 다가갔다. 주위에 아무도 없는지 확인한 다음 현관문을 밀어 보았다. 문은 잠겨 있고, 위에 '위험! 출입금지!'라는 팻말이 커다랗게 걸려 있었다. 아르테미스는 저절로 소름이 쫙 끼쳤다.
'여기서 빨리 떠나야 해.'
아르테미스는 그 사실을 잘 알고 있었고, 실제로도 자리를 떴다! 그런데 체육관 모퉁이를 돌았더니 마침 짐을 부리는 화물용 출입구가 나왔다.
'여기도 잠겨 있을 거야. 그냥 밀어 보기만 하지 뭐.'

아르테미스는 양쪽 문을 한 번씩 밀어 보았다.

끼이익!

한쪽 문이 열려 있었다.

'어머, 이러면 위험한데. 나라도 괜찮은지 살펴봐야겠어. 이건 우리 학교 학생의 안전을 위해서야!'

걸리면 적어도 그렇게 둘러 댈 수는 있을 것 같았다.

아르테미스는 문을 밀고 안으로 들어섰다. 어두운 복도에 홀로 서자 몸이 바들바들 떨렸다. 아르테미스는 화살집에서 은화살을 꺼낸 후 하고 입김을 불었다. 서서히 화살에서 빛이 솟아났다. 아르테미스는 부르르 떨리는 손으로 화살 횃불을 들고 앞으로 걸어 나갔다. 아무도 없는 체육관은 어쩐지 섬뜩했다.

이 공간에서 저 공간으로 서서히 나아가는 동안 복도가 점점 환해졌다. 아르테미스가 미처 마음의 준비를 할 틈도 없이 체육관 본관으로 이어지는 아치형 입구에 들어섰다. 내일 그곳에서 피톤오톤 경기가 열릴 예정이었다. 체육관 한가운데에 둥근 무대가 있고

그 주위를 관중석이 층층이 둘러싸고 있었다. 무대 아래에 서자 아르테미스는 문제의 괴물을 똑바로 볼 수 있었다. 피톤이 무대에서 똬리를 틀고 있는 모습은 꼭 노란 눈이 달린 거대한 비늘이 덮인 연두색 롤빵 같았다.

'어라? 노란 눈? 헉, 그럼 지금 나랑 눈이 마주친 거야?'

아르테미스는 그 자리에 꽁꽁 얼어붙었다. 공포가 온몸에 밀려들었다. 피톤이 아르테미스를 똑바로 쏘아보고 있었다!

아르테미스는 슬슬 뒤로 물러났다. 그러나 피톤은 꼼짝도 하지 않았다.

'어, 왜 반응이 없지?'

그제야 아르테미스는 피톤이 이상한 소리를 내고 있다는 걸 알아차렸다. 쌕쌕거리는 것 같기도 하고 그르릉대는 것 같기도 했다.

'뭐야? 자고 있잖아! 맞아, 뱀은 눈꺼풀이 없기 때문에 잠 잘 때도 눈을 뜨고 있지. 메두사 주변에서 지내니 나도 참 별걸 다 아는구나.'

아르테미스는 피톤에 가까이 다가가며 활에 빛나는 은 화살을 걸었다. 당장이라도 화살을 쏠 수 있게 채비를 하자 한결 두려움이 가셨다. 아르테미스는 천천히 조심스럽게 계단을 올랐다. 두렵기도 하지만 솔직히 무척 설레기도 했다.

'뭐가 될지 모르지만 그래도 정보를 얻을 수 있을 거야. 아폴론이 이 괴물과 맞설 때 도움이 되는 거라면 뭐든지 좋아!'

무대에는 피톤이 편안히 지낼 수 있도록 톱밥이 깔려 있고, 피톤은 무대 한쪽 기둥에 끈으로 매여 있었다. 피톤은 야수 협회의 회원인데, 야수 협회에 가입하려면 반드시 한 가지 이상 무시무시한 재능이 있어야 했다. 그리고 이번처럼 올림픽 같은 행사에 초청받으면 만약의 큰 사고를 막기 위해 반드시 사슬로 묶는데 동의해야 했다.

그러나 아르테미스는 늘 동물을 보면 마음이 약해지는 데다, 어떤 동물이라도 자유로이 돌아다니기 원한다는 걸 잘 알고 있었다. 게다가 똬리를 똘똘 말고 있는 피톤은 그렇게 위험해 보이지 않았다. 잠든 피톤을 쳐다보던 아르테미스는 궁금증이 들었다.

'상황이 달랐다면 피톤을 애완동물로 삼을 수 있지 않았을까? 메두사도 머리카락 대신 돋아난 뱀을 애완동물로 만들었잖아!'

갑자기 피톤이 잠결에 꿈틀거리며 꼬리를 슬쩍 휘둘렀다. 그 결에 톱밥이 후르르 날아오르자 아르테미스는 코가 간질간질

했다. 얼른 코를 감싸 쥐고 재채기를 막으려 했지만 소용이 없었다.

'오, 이런!'

에에에취!

체육관에 재채기 소리가 쩌렁쩌렁 메아리쳤다. 동시에 그렁 쌕쌕거리던 소리가 딱 그치더니 피톤이 커다란 고개를 휙 쳐들었다. 피톤은 노란 눈을 깜박할 사이에 똬리를 풀고 꼬리를 휘둘러 아르테미스를 허공으로 들어 올렸다.

"윽! 날 내려놔!"

아르테미스는 소리를 바락바락 질렀다.

'절대로 애완동물감은 아니구나!'

"안 그러면 어쩔 건데? 날 소소소소쏠 거야?"

피톤이 식식거리며 말했다. 그런데 어쩐지 즐거워하는 눈치였다. 피톤은 끝이 갈라진 기다란 혀를 날름거려서 아르테미스의 손에서 화살 횃불을 빼앗았다.

"그건 안 되지. 그럼 내일 경기를 망칠 텐데! 그걸 바라지는 않잖아. 안 그래, 예쁜이?"

"예쁜이? 너 아무래도 내 친구 아프로디테랑 날 착각하나 보다. 날 내려 주면 아프로디테를 데려올게."

물론 그 말은 혹시나 피톤이 풀어 주지 않을까 싶어서 해 본 거짓말이었다. 아르테미스는 허리를 감고 있는 피톤의 꼬리를 밀어 보았지만 피톤은 꿈쩍도 하지 않았다.

'아, 내가 도대체 무슨 생각으로 여길 온 걸까?'

가까이서 보니 피톤은 생각보다 훨씬 무서워 보였다. 입이 얼마나 큰지 아르테미스 정도는 한입에 꿀꺽할 것 같았다!

"물론 놓아 줄 거야."

피톤은 아르테미스를 살살 달래려 했다. 그러나 목소리에서 심술기가 묻어나 전혀 믿음이 가지 않았다.

"내 두 가지 질문에 대답을 하면 말이야."

"질문?"

아르테미스는 피톤의 교활한 두 눈을 쏘아보았다. 피톤의 눈동자는 보는 이가 넋을 잃고 최면에 빠지도록 하는 힘을 가졌다. 이번에는 피톤이 아르테미스의 눈을 똑바로 쳐다보았다. 그러자 아르테미스는 고개를 돌릴 수도, 꼼짝할 수도 없었다. 어떤 저항도 할 수 없었다.

"첫 번째 질문."

피톤은 정신없이 꼬리를 흔들며 질문을 던졌다.

"여기엔 뭣 하러 왔지?"

아르테미스는 너무나 당혹스러웠다. 뭔가 그럴싸한 이야기를 꾸미려 했지만 생각할 틈도 없이 피톤이 으름장을 놓았다.

"거짓말했다가는 바로 들통 날 거야."

"어떻게?"

아르테미스는 이 어마어마한 뱀이 두려우면서도 어쩐지 근사하다고 느껴졌다.

"그래. 내가 좀 근사하기는 하지. 안 그래?"

피톤은 우쭐대며 노란 눈을 반짝이고, 무시무시한 입을 더 크게 벌리며 소름 끼치는 미소를 지었다.

아르테미스는 기겁했다.

"서…… 설마 내 마음을 읽은 거야?"

아르테미스는 저도 모르게 목소리가 높아져 꺅꺅거렸다.

"그래, 이 똑똑한 아가씨야. 난 나와 눈을 마주치는 자의 마음을 읽을 스스스수 있지."

아르테미스는 눈을 꼭 감으려 애썼다. 심지어 손가락으로 눈꺼풀을 끌어내리려고도 해 보았다. 그러나 소용이 없었다. 고개를 돌리려 해도 뜻대로 되지 않았다. 아르테미스의 고개는 그 자리에 굳어 버렸고, 두 눈은 피톤의 눈에 고정된 채 움직이지 않았다.

"나한테 최면을 건 거지?"

아르테미스가 세차게 따지고 들었다.

"아하하하하아아!"

피톤이 목구멍 깊숙한 곳에서 걸걸거리는 소리를 냈다.

'어라, 비웃는 건가? 아니면 재미있어 하는 건가? 뭐가 됐든 피톤이 웃고 있어.'

피톤이 식식거리며 다시 말을 꺼냈다.

"자, 그러니 내가 질문을 던지면 고분고분 대답하는 게 좋을 거야. 안 그랬다간 어찌 될 지 알지? 그럼 목숨을 구할 수 있는 마지막 기회를 주마. 여긴 무엇 때문에 온 거야?"

아르테미스는 의지와 상관없이 술술 대답하기 시작했다.

"너에 대한 정보를 알아내려고 왔어. 내 동생 아폴론이 내일 경기 때 널 이길 수 있도록 도우려고 말이야."

'아니, 내가 왜 이런 소리를 지껄이는 거지? 마치 나한테서 진실을 짜내는 것 같잖아!'

"아주 좋아서서서. 뭔가 얘기가 진척되는 것 같군그래."

피톤은 신이 나서 몸을 꿈틀거리고 기다란 혀를 채찍처럼 날름거렸다. 아르테미스는 피톤의 혀를 피해 몸을 움츠렸다.

'으, 저 혀에 맞았다간 단번에 산산조각 나 버릴 거야!'

그러나 피톤은 그저 말만 했다.

"그럼 두 번째 질문. 네 남동생의 가장 큰 약점은 무엇이지?"

아르테미스는 두 손으로 입을 틀어막고 대답하지 않으려고 갖은 애를 썼다. 그러나 소용이 없었다. 아르테미스는 머릿속으로 답을 떠올려 버렸다.

'아폴론은 거짓말을 못 해.'

"그으래? 그것 참 재미있구나."

피톤은 끊임없이 똬리를 감았다 풀었다 하며 아르테미스를 가만히 쏘아보았다.

'내 마음을 읽고 있는 거야. 아, 지금 내가 무슨 짓을 한 거지? 불쌍한 아폴론한테 더 큰 위험을 안겨 버렸어!'

피톤은 아르테미스가 진실을 말해서 흡족했는지 다시 메마른 웃음소리를 냈다.

"아주 고마워서서서서."

이어 피톤은 사악한 야수 치고는 놀라울 만큼 부드럽게 아르테미스를 무대로 내려놓았다. 그러더니 아르테미스의 허리에서 꼬리를 풀고 시선도 거두어 들였다.

"이제 그만 가 보렴. 우리의 만남은 비밀로 간직하는 게 좋겠지?"

아르테미스는 서둘러 무대 계단을 내려갔다. 창피함이 온몸을 휘감았고, 심장은 터질 듯이 쿵쿵거렸다. 아르테미스는 피톤이 던져 버린 화살 횃불을 집어 들고 체육관 출입구를 지나 복도로 달려갔다. 피톤의 거친 웃음소리가 벽에 메아리치며 아르테미스를 따라왔다.

"그럼 경기 때 보자꾸나!"

멀리서 피톤이 외쳤다.

아르테미스는 옆문을 열고 바깥으로 달려 나왔다.

'여기 온 건 정말 멍청한 실수였어. 아폴론이 경기에서 이길 가능성이 얼마나 되는지는 모르지만 내가 그것마저 망친 거야. 아아아악! 짜증 나!'

13
그리스 철학

 아르테미스가 무슨 짓을 저질렀는지 알면 아폴론은 화가 나서 펄펄 뛸 게 분명했다. 아르테미스는 그래도 말해야 한다는 걸 알고 있었다. 자신의 약점이 노출되었다는 사실을 모른 채 피톤과 엉키는 건 너무 위험한 일이었다.
 '그런데 얘는 도대체 어디에 있는 거야?'
 아르테미스는 마음의 눈으로 아폴론을 찾으려 애썼지만 아폴론은 계속 아르테미스를 거부하고 있었다.
 '어휴, 이 멍청이!'
 결국 아르테미스는 무식한 방법을 써야 했다. 아르테미스는 올림픽 연습 경기가 열리고 있는 운동장 곳곳을 이 잡듯이 샅샅

이 뒤졌다. 그러나 아폴론을 찾지 못했고, 아르테미스는 다시 한 번 눈을 감고 아폴론의 위치를 알아내려 했다.

'아, 보인다! 그렇다면 아폴론이 또 뭔가에 정신을 잔뜩 집중하고 있다는 건데. 다른 곳에 신경 쓸 여유가 없어서 내 마음의 눈을 막는 걸 잊어버린 거야.'

아르테미스의 머릿속에 올리브 숲과 그 속에 있는 기다란 돌 의자가 보였다.

'올리브 과수원이군!'

아르테미스는 곧장 학교 뜰 너머에 있는 과수원으로 달려갔다. 아니나 다를까 아폴론은 긴 돌 의자에 앉아 두루마리 책에 얼굴을 파묻고 있었다. 내용에 어찌나 깊이 빠져 있는지 아르테미스가 다가서도 좀체 알아차리지 못했다. 아르테미스가 책 제목을 흘깃 살펴보니 《그리스 철학자 에우불리데스의 역설》이라고 쓰여 있었다.

"아폴론, 여기 있었구나."

아폴론은 깜짝 놀라 두루마리를 떨어뜨렸다. 그러자 두루마리가 탁 소리를 내며 도르르 말리더니 그 힘에 밀려 몇 걸음 떨어진 자리까지 휙 날아가 버렸다.

"우아! 너 때문에 심장마비 걸릴 뻔했잖아!"

아폴론은 둘 사이에 그간 아무 일도 없었던 것처럼 싱글벙글 웃었다.

'뭐야? 날 피하느라 복수학 수업도 빠져 놓고서 아닌 척하기는!'

그래도 아르테미스는 아폴론의 기분이 한결 나아져 있어서 기뻤다.

'물론 저 상태도 오래가지는 않겠지. 아폴론이 피톤을 무찌를 깨알 같은 기회마저 내가 망쳤다는 걸 알게 되면 그대로 끝일 거야.'

아폴론이 두루마리 책을 집으러 가자 아르테미스는 시간을 끌기 위해 질문을 던졌다.

"아폴론, 역설이 뭐야?"

철학 수업을 들었다면 그게 뭔지 알 수도 있었지만, 아르테미스는 그 과목까지 들을 시간이 없었다.

"일종의 말로 맞추는 퍼즐이랄까? 어떤 말이 참인 것 같은데, 실제로 증명하려면 더 이상 말이 되지 않는 거지."

아폴론은 두루마리를 집어 들더니 의자에 내려놓고서 호주머니에 손을 푹 찔러 넣었다.

"너 내가 왜 저 책을 읽는지 궁금하지?"

아르테미스는 어깨를 들썩였다.

"글쎄, 수업 때문이겠지."

아폴론은 "그래."라고 대답하려는 눈치였지만 머뭇거리며 말을 하지 못했다. 그렇다면 수업 때문이 아닌 게 분명했다.

'어휴, 악의 없는 사소한 거짓말조차 못 하면 사는 게 정말 피곤하긴 할 거야.'

아폴론은 결국 변명하듯이 답을 내어 놓았다.

"굳이 알아야겠다면 말해 줄게. 내일 피톤과 벌일 경기에 대비해서 준비를 단단히 하고 있는 중이야."

"아 참, 그렇지. 그 일에 관해서 말인데."

아르테미스는 마른침을 꼴깍 삼키고 말을 이었다.

"너한테 할 얘기가 있어. 그런데 네가 반기지 않을 이야기야."

아폴론은 대번에 아르테미스를 노려보며 쏘아붙였다.

"또 피톤오톤에 나가지 말라고 말할 생각이라면 부디 잠자코 있어 줘."

아르테미스는 눈을 빙글빙글 굴리며 대꾸했다.

"그냥 좀 들어. 응? 그리고 내가 얘기할 때 부디 내가 네 친구이지 적이 아니라는 걸 기억하면 좋겠어."

"야! 그렇게 나오니까 괜히 겁나잖아."

아폴론의 말은 순전히 농담만은 아닌 것 같았다.

"아르테미스, 얼른 말해 봐. 어떤 이야기라도 받아들일 수 있으니까."

아르테미스는 올리브나무에 편안하게 등을 기대었다. 아테나가 올리브나무를 잔뜩 심은 덕분에 이제 이곳은 꽤 무성한 숲이 되었다.

아르테미스는 크게 심호흡을 한 번 하고 모든 사실을 털어놓았다. 피톤을 구경하러 갔다가 붙잡힌 사연부터 피톤과 눈을 마주치게 되자 눈길을 돌릴 수 없었다는 이야기까지 모조리 줄줄 쏟아 냈다.

"오 신이시여!"

아폴론은 놀라면서도 걱정스러워서 어쩔 줄 몰랐다.

"그 교활한 녀석이 널 상처 입히거나 한 건 아니지?"

"아냐."

"다행이다. 혼자서 피톤 근처에 가다니 정말 위험했어. 그런 어처구니없는 짓을 저지르다니 어휴, 너도 참."

아폴론은 머리를 벅벅 긁었다.

"휴, 그래도 안 다쳤다니 다행이야."

"뭐……. 응……."

아르테미스는 나무를 툭툭 치며 말을 이었다.

"그런데 이야기할 사연이 하나 더 있어. 그러니까, 어, 피톤이 나한테 최면을 걸고 해치지 않을 거고 어찌고저찌고하면서 네 가장 큰 약점이 뭐냐고 물었어."

"설마 말해 버린 거야?"

아폴론은 믿을 수 없다는 듯이 아르테미스를 향해 두 팔을 펼쳐 들었다.

"당연히 아니지! 장난해? 내가 그럴 리가 없잖아. 그런데 피톤이 내 마음을 읽고 네 약점을 알아냈어!"

아폴론은 인상을 확 찌그러뜨렸다.

"맙소사! 마음을 읽는 뱀이라니! 그래서 네가 보기에 내 가장 큰 약점은 뭔데?"

아르테미스는 괜히 신발 코로 땅을 쿡쿡 찼다. 아르테미스의 대답에 아폴론이 너무 상처 받지 않으면 하는 마음뿐이었다.

"넌 거짓말을 못 하잖아."

아르테미스는 어깨를 축 늘어뜨리고서 동생의 분노를 오롯이 받을 각오를 했다.

그런데 아폴론은 화를 내지 않고 그저 왔다 갔다 하기만 했다. 뭔가 열심히 생각하는 눈치였다. 마침내 아폴론이 멈춰 서더니 아르테미스에게 돌아섰다.

"피톤이 네 말을 믿었어?"

아르테미스는 고개를 끄덕였다.

"말했잖아. 피톤은 생각을 읽을 수 있다니까. 그러니 내가 진실을 말했는지 아닌지도 알아."

그러자 아폴론은 정말 이상하기 짝이 없는 행동을 했다. 아르테미스에게 저벅저벅 다가오더니 아르테미스를 힘껏 끌어안았다!

"어이 10분 먼저 태어난 누나, 정말 고마워! 누나가 지금 나한테 얼마나 큰 도움을 준 건지 아마 상상할 수도 없을 거야."

"그게 무슨……?"

그러나 아르테미스는 설명해 달라고 부탁할 틈도 없었다. 어디선가 발자국 소리가 들리더니 악타이온이 불쑥 숲 속으로 들어섰다.

"어, 안녕."

악타이온은 아르테미스와 아폴론을 번갈아 쳐다보며 인사를 건넸다.

아폴론이 먼저 대답했다.

"악타이온. 어쩐 일이야? 날 만나러 온 거야?"

악타이온의 얼굴이 귀까지 새빨개졌다.

"어, 사실 난 아르테미스에게 할 이야기가 있어서 왔어."

"그래? 그럼 해. 저기 있으니까."

아폴론이 아르테미스를 가리켰다.

아르테미스는 볼이 화끈거렸다.

'나도 악타이온처럼 귀까지 빨개져 있을 거야. 게다가 아폴론도 그걸 알아차렸어. 저거 봐, 놀리는 듯이 싱글거리고 있잖아.'

악타이온은 올리브 숲으로 들어온 이유를 꾸며 내려는지 괜히 발을 동동거리더니 아르테미스를 쳐다보았다.

"어…… 난…… 네 목소리를 듣고…… 음……. 교장 선생님이 네 서명 운동을 막았다는 얘기에 나도 크게 실망했다는 말을 하고 싶어."

"서명 운동? 무슨 서명 운동?"

아폴론은 지난 며칠간 자기만의 작고 작은 세상에서 지내느라 아무 소식도 못 들은 모양이었다! 하는 수 없이 아르테미스가 그간 있었던 일을 전해 주었다.

"친구들이랑 같이 교장 선생님을 설득하려고 탄원서에 서명을 받고 있었어. 여학생끼리 올림픽을 열 수 있게 해 달라고 말이야. 첫날에만 예순 명이 넘게 서명했는데, 교장 선생님이 우리 계획을 알고 못 하게 막았어."

아폴론은 눈을 빙글 굴리더니 대꾸했다.

"내가 알았더라면 좋은 생각이 아니라고 미리 말해 줬을 텐데."

그 소리에 아르테미스가 쌀쌀맞게 쏘아붙였다.

"글쎄, 그렇게 생각하지 않는 남학생도 있던걸. 악타이온은 서명했어!"

"뭐라고?"

아폴론은 악타이온이 배신자라도 되는 듯이 비난하는 눈으로 쳐다보았다.

"뭐하러 그런 걸 했어?"

"난 공평한 쪽에 서고 싶으니까."

악타이온이 눈앞을 가린 연갈색 머리카락을 쓸어 올리며 대답했다.

"원한다면 여자애들도 자기들만의 경기를 열 수 있어야지. 안 될 이유가 뭐 있어?"

'어머, 저 애 한층 더 멋져 보이잖아!'

아르테미스는 아폴론도 들으라는 속셈으로 악타이온에게 말했다.

"난 아직 포기하지 않았어."

아폴론의 눈썹이 휙 솟아올랐다.

"오, 아르테미스. 제발 제우스 교장 선생님 명령을 거역할 생각이라는 소리는 하지 말아 줘!"

"아니야. 난……."

아르테미스는 멈칫했다. 자신이 헤라 여신님께 부탁을 했고, 헤라 님이 여학생들의 마지막 희망이라는 소리를 굳이 아폴론에게 할 필요는 없을 것 같았다. 게다가 헤라도 과연 제우스가 여학생 올림픽을 진지하게 받아들이도록 설득할 수 있을지 알 수 없다고 경고를 한 참이었다.

"난 아직 희망을 버리지 않았다는 거야. 교장 선생님이 마음을 바꿀 수도 있잖아."

아폴론은 코웃음을 흥 쳤다.

"가망 없을걸!"

그러나 악타이온은 달랐다.

"아르테미스, 그래도 넌 네 신념을 위해 싸웠잖아. 넌 변화를 일으켜 보려고 애썼어. 그 점에서 난 네가 훌륭하다고 생각해."

"어, 그래? 고마워."

악타이온은 정말 다정했다. 게다가 멋있었다. 아르테미스의 첫사랑 오리온처럼 겉만 화려한 아이가 아니었다.

아르테미스는 나름 깨달음이 있었다.

'다정한 마음이 화려한 외모보다 나은 거구나.'

"에헴."

아폴론이 주의를 끌려고 어색할 정도로 큰 소리로 헛기침을 했다. 아르테미스가 놀라서 화들짝 정신을 차려 보니 지금껏 악타이온과 둘이서 하염없이 마주 바라보고 있었다.

'어머, 내가 왜 이러지?'

아르테미스가 달의 여신이기는 하지만, 그렇다고 달님이 구름 속에 얼굴 감추듯 수줍어하는 건 아르테미스답지 않은 일이었다!

아폴론이 쓱 끼어들었다.

"그냥 궁금해서 물어보는 건데, 그래서 실제로 탄원서에 서명한 남학생은 몇 명이나 돼?"

"음, 나도 정확히는 모르겠어."

제우스가 여학생들의 열망을 부수기 전에 하데스와 헤라클레스가 서명을 했는지 어쩐지 아르테미스는 몰랐다.

"열 명?"

아폴론이 어림짐작으로 묻자 아르테미스는 솔직하게 대답했다.

"그렇게 많지는 않을 거야."

"그럼 다섯 명은 넘어?"

"음……. 적어도 세 명은 돼."

악타이온이 옆에서 아르테미스를 거들어 주었다.

"자랑스럽게도 내가 일등이었지."

그러나 아폴론은 대수롭지 않다는 듯이 다시 돌 의자에 앉아 두루마리 책을 펼쳤다.

"내 반응에 기분 나빠 하지 마. 난 지금 조용히 혼자 있을 시간이 필요해. 내일 경기 전에 해야 할 일이 있거든."

"그래, 알았어."

악타이온은 아르테미스를 슬쩍 쳐다보았다.

"난 기숙사로 돌아갈 거야."

"나도 갈게."

아르테미스가 냉큼 대답하자 악타이온은 얼굴이 환해졌다.

"그럼 나중에 보자. 둘이서 즐거운 시간 보내!"

아폴론은 아르테미스에게 일부러 헤벌쭉 웃으며 인사를 건넸다. 그러자 아르테미스는 아폴론의 장난기를 무시하며 대꾸했다.

"그래. 그러든지 말든지. 안녕."

사실 아르테미스는 한결 마음이 놓였다.

'서명 운동에 대해 이죽거리기는 했지만, 그래도 아폴론이 오리온 사건 때에 비하면 악타이온을 싫어하지 않는 것 같아. 나한테 아폴론의 의견은 중요하니까. 물론 저 녀석은 내 의견을 별로 중요하게 생각하지 않는 것 같지만. 적어도 피톤 문제나 허로림픽에 관해서는 신경 안 쓰잖아.'

악타이온과 함께 학교 뜰을 지나던 아르테미스는 삐죽 튀어나온 바닥 타일에 발이 걸렸다. 제우스 교장 선생님이 '헤라 이전 시대'에 우울하게 지낼 때 떨어뜨린 번개 때문에 땅이 울퉁

불퉁해진 탓이었다. 악타이온은 휘청대는 아르테미스의 팔을 얼른 붙잡아 주었다.

"괜찮아?"

아르테미스는 악타이온에게 방긋 웃어 보였다.

"응. 괜찮아."

다음 순간 아르테미스는 깜짝 놀랐다. 악타이온이 아르테미스의 손을 다정하게 잡았기 때문이었다. 아르테미스는 놀라서 눈이 휘둥그레졌지만 손을 빼지는 않았다. 사실 지금 악타이온이 뭘 한 건지, 왜 그런 행동을 하는 건지 생각하느라 머릿속이 바빴다. 그건 분명히 악타이온이 아르테미스를 좋아한다는 뜻이었다. 아프로디테가 해석해 주지 않아도 아르테미스 역시 그 정도는 알 수 있었다! 손을 마주 잡은 채 아르테미스와 악타이온은 다시 걷기 시작했다.

학교 대리석 계단 꼭대기에 이르자 악타이온은 그때까지 꼭 잡고 있던 아르테미스의 손을 놓고 문으로 다가섰다. 그러나 아르테미스의 행동이 더 빨랐다.

"악타이온, 내가 열게!"

"어, 고마워."

아르테미스가 문을 잡고 있는 사이 악타이온이 답례를 하며 지나갔다.

"무슨 말씀을."

아르테미스는 그 대답까지 하고서야 악타이온이 '자신을 위해' 문을 잡아 주려 했다는 걸 깨달았다. 결국 아르테미스는 한마디를 덧붙였다.

"다음 문은 네가 열어."

악타이온은 쿡쿡거리며 대답했다.

"얼마든지."

아르테미스와 악타이온은 사이좋게 이야기를 나누며 계단을 올랐다. 그러다 4층 여학생 기숙사 입구에 이르자 악타이온이 아르테미스를 위해서 멋지게 문을 열어 주는 쇼를 펼쳤다. 아르테미스는 악타이온에게 방긋 웃어 보이고서 복도를 거의 둥실둥실 떠다니며 방까지 갔다.

아르테미스는 이렇게까지 기분이 산뜻한 적이 없었다. 오리온과 있을 때도 이 정도는 아니었다.

'악타이온은 내가 신념을 위해 싸우고, 변화를 일으키고자 한 게 훌륭하다고 했어. 아, 정말 멋있지 않아?'

아르테미스는 악타이온에 대한 생각이 이렇게 완전히 뒤집힌 데 대해 피식 웃음이 났다.

'열 받아서 그 애를 사슴으로 바꿔 버린 게 고작 이틀 전인데 말이야!'

다음 날 아침, 토요일인데도 불구하고 아르테미스는 수업이 있는 날보다 훨씬 일찍 일어났다.
'드디어 올림픽이 열리는구나!'
아르테미스는 얼른 옷을 입고 아침 식사 전에 개들과 산책을 나가서 한참이나 돌아다녔다. 개들이 하루 종일 방에 처박혀 있어야 할 테니 미리 녹초가 되게 만들어야 했다. 개들을 올림픽 경기장에 데려가자니 위험 부담이 너무 컸다. 학교 복도에서 학생 피하기 놀이를 하는 정도는 큰 말썽이 아니지만, 달리기 경기장에서 선수들 사이로 뛰어들거나 날아가는 원반을 잡으려 들었다가는 비상사태가 벌어질 수 있었다.

아르테미스는 아침을 먹고 경기장으로 향했다. 경기장은 올림포스 학교를 상징하는 푸른색 금색의 깃발과, 경기에 참가하는 여러 학교의 깃발로 화려하게 장식되어 있었다.

아테나는 일찌감치 도착해서 친구들을 위해 미리 관중석에 자리를 잡아 두었다. 무대에서 몇 줄 떨어지지 않은 곳이라 위치도 좋았지만 벌써 경기장에 구경꾼이 꽉 들어차는 바람에 달리 앉을 곳도 없어서 정말 다행이었다.

"실례합니다. 지나갈게요. 죄송합니다."

아르테미스는 구경꾼들의 발을 밟지 않으려 진땀을 흘리며 친구들 쪽으로 다가갔다. 드디어 자리에 도착한 아르테미스는 페르세포네와 아프로디테 사이에 끼어 앉았다.

올림픽 첫 번째 경기 종목은 레슬링이었다. 네 여신은 누가 우승해서 올리브 화관을 쓰는 영광을 누릴지 신나게 떠들어 댔다. 큰 행사이니만큼 경기마다 불멸 쇼핑센터 상품권이나 한 달간 숙제 면제 등 여러 가지 상이 잔뜩 걸려 있었다.

빰빠바밤빰!

선수들이 경기장으로 들어서자 전령 셋이 기다란 나팔 살핀스를 입에 대고 힘차게 불었다. 살핀스 소리가 울려 퍼지자 관중들이 일제히 조용해졌고, 이어서 세 전령이 합창하듯 한목소리로 그날의 경기 일정을 발표했다. 그런데 서로 더 크게 외치려고 악을 쓰다시피 하는 모습이 누구 목소리가 더 잘 들리는지를 두고 올림픽 경기를 열고 있는 듯했다. 세 전령이 각각 다른 학교 소속이니 실제로 목청을 겨루고 있을 수도 있었다!

첫 번째 선수가 맞붙으며 경기가 시작되자 아르테미스는 제우스와 헤라를 찾았다. 저 아래 관중석 맨 앞줄에 황금색과 푸른색이 어우러진 벨벳 의자가 놓인 특별석이 있었다. 아르테미스는 그곳에서 제우스와 헤라의 모습을 발견했다. 제우스는 눈부시게 하얀 튜닉을 입고 올림포스 학교를 상징하는 파란색, 금색 줄무늬 띠를 가슴에 두르고 있었다. 제우스가 움직일 때마다 팔에 찬 황금 팔찌가 햇빛을 받아 번쩍번쩍 빛났다.

'우아, 교장 선생님이 오늘은 정말 신들의 제왕처럼 보이네!'

헤라도 한껏 멋을 낸 차림이었다. 은은한 푸른색 키톤에, 허리에는 섬세한 금 사슬 장식을 둘렀으며, 금발 머리는 정성스럽게 땋아서 말아 올린 다음 무지갯빛으로 아롱지는 공작 깃털 장식을 꽂았다.

예선전이 몇 차례 치러진 뒤 오토스 대 헤라클레스, 에피알테스 대 아틀라스로 준결승전이 열렸다. 경기 내내 서로를 던지고 밀쳤지만 어느 쪽도 상대방의 어깨를 매트에 내리누르지 못했다. 결국 심판 판정으로 헤라클레스와 에피알테스가 승리를 거두었다. 오토스는 경기에 져서 약간 실망한 눈치였지만, 그래도 성격 좋은 운동선수답게 헤라클레스와 악수를 나누고 등을 툭툭 두드려 주었다.

이제 헤라클레스와 에피알테스가 우승자의 관을 두고 한판 벌일 차례가 되었다!

"헤라클레스, 힘내!"

아르테미스가 한껏 소리쳐 헤라클레스를 응원했다. 헤라클레스가 오토스와 경기하는 동안에는 오토스도 친구인지라 너무 대놓고 헤라클레스를 응원하기가 곤란했다. 그런데 이제는 거리낄 것이 없었다! 에피알테스와 헤라클레스가 결승전을 치르기 위해 마주 서자 아르테미스는 몸을 숙이고 아프로디테 너머에 있는 아테나에게 물었다.

"헤라클레스가 이길 것 같아?"

"그랬으면 좋겠는데."

아테나는 무릎에 두 손을 올려놓고 잔뜩 긴장해 꼼짝 않고 있었다. 얼마나 주먹을 꽉 쥐었는지 뼈마디가 하얗게 튀어나올 지경이었다.

"헤라클레스는 이번 올림픽에서 우승하는 걸 아주 중요하게 생각해. 열두 과업을 수행할 때보다 더한 것 같아."

헤라클레스는 과업을 완수하지 못할 경우 올림포스 학교 학생이 될 자격을 얻을 수 없었다. 그런데 그보다 이번 올림픽을 더 중요하게 여긴다니 그것만으로도 할 말을 다 한 셈이었다!

아르테미스가 몸을 일으켜 다시 자기 자리 쪽으로 돌아가자 아프로디테는 아테나의 손을 꼭 쥐며 응원하는 마음을 전해 주

었다.

헤라클레스와 에피알테스는 마주 서서 상대방 주위를 빙글빙글 돌았다. 그때 에피알테스가 갑자기 앞으로 튀어 나가더니 헤라클레스의 등허리에 손을 감았다. 이어 에피알테스는 헤라클레스의 가슴팍에 이마를 대고 헤라클레스를 힘껏 밀었다. 헤라클레스는 몸이 뒤로 휙 꺾이고 말았다.

그 장면을 보고 아테나는 숨이 멎을 것 같았다.

"어떻게 해. 역 베어 허그(Inverted Bear Hug) 기술에 걸려들었어!"

관중의 대부분이 헤라클레스를 응원하고 있던 만큼 관중석 곳곳에서 끙 하고 안타까워하는 소리가 흘러나왔다.

에피알테스가 헤라클레스를 점점 더 바닥으로 밀어붙이자, 페르세포네가 놀라 움찔하며 말했다.

"으, 진짜 아프겠다."

결국 아테나는 두 손으로 눈을 가렸다.

"난 도저히 못 보겠어! 경기가 끝나면 알려 줘."

헤라클레스의 두 어깨가 바닥에 닿을락 말락 하며 패배의 문턱에 위험하리만치 가까이 다가간 순간, 헤라클레스가 어찌어찌 에피알테스를 밀어내고 자유롭게 풀려났다. 대번에 관중들이 신이 나서 열광적으로 함성을 질렀다.

아프로디테가 아테나에게 말했다.

"이제 봐도 돼. 헤라클레스가 빠져나왔어."

아테나는 두 손을 다시 무릎에 올려놓았다.

"휴, 진짜 아슬아슬했어."

그러자 아르테미스가 아테나를 슬며시 놀렸다.

"아니, 네가 그걸 어떻게 알아? 설마 손가락 사이로 보고 있었던 거야?"

아테나는 생글생글 웃으며 대답했다.

"슬쩍 한 번 본 것뿐이야."

헤라클레스와 에피알테스는 다시 빙글빙글 돌며 공격 기회를 노렸다. 네 여신은 휘파람을 불고, 함성을 지르고, 주말 동안 만든 팻말을 흔들며 응원 구호를 외쳤다.

힘도 짱 실력도 짱 헤라클레스
함부로 덤볐다간 너만 손해지!

갑자기 에피알테스의 몸이 휘청거렸다. 헤라클레스는 에피알테스가 중심을 되찾기 전에 얼른 에피알테스를 붙들었다. 그러고서 에피알테스의 두 팔을 꼼짝 못하게 잡고서 머리를 아래로 눌렀다. 이제 에피알테스는 다리를 위로 쳐든 채 거꾸로 서게 되었다. 키가 훨씬 작은 헤라클레스가 거인 에피알테스를 그렇게 들고 서 있으니 아주 희한했다.

관중석에서 구경하던 이들이 응원 구호를 외쳤다.

<blockquote>
잡아 버렸스 눌러 버렸스
헤라클레스 이겨 버렸스!
</blockquote>

아테나는 눈을 반짝반짝 빛내며 감탄을 터뜨렸다.

"우아, 저건 수직 수플렉스(Vertical Suplex)라는 기술이야."

이제 헤라클레스는 몸을 젖히며 자기 몸무게를 이용해서 에피알테스를 뒤로 넘겨 버렸다. 쿠당탕 소리와 함께 에피알테스가 바닥에 등으로 떨어졌다. 헤라클레스는 재빨리 에피알테스를 붙잡아 거인의 두 어깨를 의기양양하게 바닥에 눌렀다. 일초, 이초, 삼초, 승리의 시간이 지났다!

트라이애슬론 선생님이 경기 종료 신호를 보내자 관중들이 "우아아!" 하고 열광적으로 함성을 질렀다. 아르테미스는 관중들 틈에서 처음 보는 여학생 둘이 '내 ♥ 헤라클레스'라고 쓴 팻말을 들고 있는 걸 봤다.

'흠. 너희 좋을 대로 얼마든지 헤라클레스를 ♥할 수는 있지만, 헤라클레스가 너희를 ♥해 주지는 않을 거야. 아테나가 이

미 헤라클레스의 ♥을 가져갔으니까.'

에피알테스는 지금 막 벌어진 일을 못 믿겠는지 벌러덩 드러누운 채 하늘만 멍하니 쳐다보았다. 전령들이 살핀스를 뺨빠밤 하고 불더니 입을 모아 최종 결과를 발표했다.

"올림픽 레슬링 부문 최종 우승자는 바로…… 헤라클레스입니다!"

이제 관중들은 아예 제자리에서 펄떡펄떡 뛰었다. 네 여신도 마찬가지였다.

"브라보!"

아테나가 연거푸 외쳤다.

"브라보!"

아르테미스는 경기장 쪽으로 눈길을 돌렸다. 에피알테스가 드디어 일어서더니 그 자리에 꽁꽁 얼어붙은 듯 가만히 서서 관중들을 노려보았다. 마치 경기에서 진 게 관중 탓이라는 것 같은 태도였다.

한편 제우스가 왕좌에서 일어나더니 무대로 올라가서 헤라클레스에게 올리브 화관을 씌우고 승리를 축하해 주었다. 그래도 에피알테스는 가만히 서서 인상만 썼다.

전령이 살핀스를 다시 불더니 곧 바깥에 마련된 경기장에서 달리기 경기가 열린다고 알렸다. 그러자 올림포스 학교 전통에 따라 제우스와 헤라가 먼저 경기장을 나서고, 이어 선생님들이 줄줄이 자리를 떴다. 학생들이 막 자리를 뜨고 나가려는 순간 무대 쪽에서 고함 소리가 들렸다.

"야! 그만둬! 뭐하는 짓이야?"

아르테미스는 소리 나는 쪽으로 고개를 휙 돌렸다.

'맙소사! 지금 에피알테스가 헤라클레스의 머리에서 우승자 화관을 잡아챈 거야?'

14 사슴 술래잡기

"그거 이리 내!"

헤라클레스가 소리쳤다.

"내가 정정당당하게 얻은 화관이야!"

헤라클레스가 화관을 도로 뺏으려 하자 에피알테스는 헤라클레스의 손이 닿지 않게 화관을 높이 들어 올리더니 자기 머리에 턱 썼다.

"우승자 자리는 내 꺼야!"

에피알테스가 버럭 소리를 질렀다.

"난 그럴 자격이 충분해!"

에피알테스는 관중에게 돌아서더니 외쳤다.

"너희도 알잖아. 난 헤라클레스보다 실력이 월등해. 조금 전에는 그저 발을 헛디딘 것뿐이라고."

제우스와 헤라를 비롯한 어른들은 이미 경기장을 떠나고 없었지만, 출입구로 향하던 학생들이 고함 소리에 모두 뒤돌아섰다. 무대에서 벌어지는 사태를 보자 올림포스 학교 남학생들이 헤라클레스의 편을 들기 위해서 우르르 몰려가더니 무대로 뛰어올라 에피알테스와 맞섰다. "맙소사!"라고 외칠 틈도 없이 무지막지한 싸움이 벌어지고 말았다.

몇몇 남학생이 에피알테스의 등에 올라타고 화관을 도로 뺏으려 하자 에피알테스는 몸을 흔들어 아이들을 떨어냈다. 그러나 올림포스 학생들은 지지 않고 다시 에피알테스의 팔과 다리를 부여잡았다. 그러자 오토스가 쌍둥이 형제를 보호하려 싸움에 뛰어들었다.

아르테미스는 오토스가 에피알테스의 무례한 행동을 두둔하려는 건 아님을 알았다. 어쨌거나 오토스와 헤라클레스는 친구 사이였고, 에피알테스를 뺀 모두가 헤라클레스를 진정한 우승자로 받아들이고 있었다.

아르테미스와 친구들은 서둘러 난장판이 벌어지고 있는 무대로 뛰어 내려갔다. 페르세포네가 외쳤다.

"교장 선생님이 이 사태를 알아차리기 전에 막아야 해. 안 그럼 나머지 경기를 모두 취소해 버릴 거야!"

'올림픽을 취소한다고? 그럼 아폴론이 피톤한테 왕창 깨질 일도 없는 거잖아!'

긍정적으로 생각하면 분명히 그런 면도 있었다. 그러나 아르테미스는 비록 남학생만 참가하는 올림픽이 공평하게 여겨지지 않는다 하더라도 지금껏 열심히 훈련한 선수들이 경기를 할 기회조차 가지지 못하는 건 바라지 않았다.

'에피알테스의 스포츠맨 정신이 엉망이라서 모든 선수의 기회가 날아가 버린다는 건 말도 안 돼!'

아테나는 인상을 팍 찌푸리며 대답했다.

"경기 취소만으로 끝날 일이 아니야. 자칫하다간 두 세계 사이에 전쟁이 일어날 수도 있어!"

'헉, 전쟁이라고? 그보다 더한 재앙이 어디 있어?'

아르테미스는 그 말에 놀라 열심히 머리를 굴렸다.

'어떻게든 에피알테스를 경기장에서 끌어 낼 방법만 있다면 싸움을 끝낼 수 있을 텐데.'

갑자기 아르테미스는 영웅학 시간에 오토스가 했던 말이 떠올랐다.

'에피알테스는 사냥이라면 사족을 못 써. 누가 금덩어리를 준다고 해도 아니, 설사 엄마가 직접 요리한 저녁 식사를 포기하더라도 사슴을 쫓는 쪽을 택할걸?'

아르테미스는 에피알테스더러 금덩이나 엄마가 요리한 식사를 포기하라는 게 아니었다. 그저 올리브 화관만 내려놓으면 됐다!

아르테미스가 친구들에게 말했다.

"이 사태를 끝낼 좋은 생각이 있어."

아프로디테는 한쪽 눈썹을 추켜세웠다.

"아르테미스, 너 무슨……."

아프로디테가 질문을 마치기도 전에 아르테미스는 가슴에 손을 얹고 주문을 외웠다.

마법의 술래잡기 시작되리라.
내 손에 닿는 자 술래 되리라.
술래 된 자 사슴 되어 달리리라.

아르테미스는 눈을 꼭 감고 아름다운 뿔을 가진 당당한 사슴을 떠올렸다. 곧바로 아르테미스의 몸이 앞으로 휙 쏠리더니 매끄러운 갈색 털로 뒤덮이고, 손과 발끝에서 발굽이 솟아났다. 동시에 얼굴이 길어지고 이마에서 뿔도 쑥쑥 돋았다. 아르테미스의 주변에 있던 모든 관중과 선수가 놀라서 새된 소리를 지르며 옆으로 비켜섰다.

다음 순간 아르테미스는 관중석에서 용수철처럼 뛰어나갔다. 한 번 힘껏 도약하자 어느새 아르테미스는 무대에 서 있었다. 바라던 대로 에피알테스는 아르테미스의 모습을 보자 싸움에 대해서는 깡그리 잊어버렸다. 그러고는 사냥을 하고 싶다는 흥분을 이기지 못하고 순식간에 아르테미스를 쫓았다. 에피알테스가 쿵쿵거리며 달리자 올리브 화관이 휙 날아갔다. 이어 화관이 땅에 떨어지기 전에 누군가 먼저 화관을 낚아챘다.

아르테미스는 무대를 가로질러 출입구 쪽으로 달리면서 슬쩍 고개를 돌려 에피알테스가 쫓아오는지 확인했다.

'좋아, 따라오고 있구나. 그런데 오토스도 에피알테스를 따라오네.'

아르테미스는 두 거인 너머로 화관이 이리저리 건너다니다 아테나의 손에 떨어지는 걸 보았다. 헤라클레스가 고개를 숙이자 아테나는 다정하게 헤라클레스에게 올리브 화관을 씌워 주었다. "와!" 하고 함성이 솟았다.

'휴, 싸움이 끝났어!'

그러나 아르테미스는 에피알테스를 경기장에서 가능한 멀리 떼어 놓고 싶었다. 그렇지 않으면 에피알테스가 도로 돌아가서 또 싸움을 일으킬 수 있었다. 경기장 바깥으로 나오자 아르테미스는 운동장 반대편으로 방향을 잡았다. 그러고는 강인한 다리를 힘차게 놀려 올림포스 산에서 인간 세상으로 내려가는 길을 따라 달렸다.

쿵! 쿵!

에피알테스가 걸음을 뗄 때마다 땅이 뒤흔들렸다. 에피알테스는 숲을 헤치고 달리며 아르테미스를 바싹 뒤쫓았다.

사슴이 된 아르테미스는 어떤 인간이나 불멸의 존재보다도 빨리 달릴 수 있었다. 그러나 에피알테스는 인간도 불멸의 존재도 아닌 거인이었다.

'이야, 거인은 정말 무시무시하게 빠르구나! 게다가 악타이온 말이 맞아어. 사슴뿔은 장난 아니게 무거워!'

아르테미스는 뿔의 무게 때문에 자꾸만 속도가 처졌다. 게다가 걸핏하면 사슴뿔이 나뭇가지나 넝쿨에 걸렸다.

'수사슴은 이것저것 성가신 게 많구나!'

아르테미스는 어느 시냇가에 이르렀다. 뒤쫓아 오던 에피알테스가 시냇가에 풍덩 빠지면서 속도가 약간 느려졌다. 그러나 아르테미스는 그대로 시내를 훌쩍 뛰어 건넌 다음 더 힘껏 달렸다. 아르테미스는 숲 속으로 몸을 숨기고 나무 사이를 요리조리 빠져나가며 에피알테스를 따돌렸다.

'에피알테스가 그만 포기하고 집으로 돌아가야 할 텐데.'

숲 속의 작은 빈터에 도착하자 아르테미스는 잠시 멈춰 서서 숨을 골랐다. 그런데 갑자기 빈터 가장자리의 나무 뒤에서 오토스가 불쑥 튀어나오더니 소리쳐 물었다.

"아르테미스?"

아르테미스는 뿔 달린 머리를 오토스 쪽으로 돌리고 '그래.'라고 대답하듯이 울음소리를 냈다. 그 순간 반대편 가장자리에서 고함 소리가 들렸다.

'헉, 에피알테스구나!'

에피알테스는 아르테미스를 노리고 무섭게 달려 나왔다.

"도망쳐!"

오토스가 소리치더니 아르테미스를 보호하려는 듯 재빨리 앞으로 다가왔다.

양쪽에서 쌍둥이 형제가 아르테미스에게 달려오자 아르테미스는 얼른 매로 변신해 하늘로 날아올랐다. 그러나 오토스와 에피알테스는 때맞춰 속력을 늦추지 못하고 결국 충돌하고 말았다. 둘은 서로 머리를 쾅 부딪치더니 쿵 하고 땅바닥에 나가떨어졌다.

아르테미스는 얼른 근처 나뭇가지에 내려앉았다. 충분히 안전할 만큼 떨어져 있으면서도, 둘의 이야기를 엿들을 수 있는 자리였다. 아르테미스는 에피알테스가 올림포스 학교로 돌아가려고 하지는 않는지, 오토스가 별 탈 없이 무사한지 확인하고 싶었다.

"으윽."

에피알테스가 특유의 가느다란 목소리로 끙끙대며 일어나 앉더니 이마에 손을 얹었다. 오토스가 에피알테스를 살피더니 말했다.

"이런, 너 피를 흘리고 있잖아."

에피알테스의 왼쪽 눈썹에 찢어진 상처가 있었다.

이번에는 에피알테스가 오토스의 입을 가리켰다.

"넌 이가 하나 날아갔어."

"어느 쪽?"

오토스가 일어나 앉으며 물었다.

"아래쪽이야."

갑자기 에피알테스는 "푸핫!" 하고 웃음을 터뜨렸다. 오토스는 영문을 몰라 에피알테스를 멀뚱멀뚱 쳐다보았다.

"뭐가 그렇게 우스운데?"

에피알테스가 껄껄거리며 소리쳤다.

"이제 우리 둘이 다시 똑같아졌잖아!"

무슨 말인지 깨닫자 오토스의 얼굴에도 천천히 웃음이 퍼졌

다. 둘은 배꼽을 잡고 웃으며 어린아이처럼 풀밭을 데굴데굴 굴러다녔다. 한참 뒤, 마침내 웃음이 잦아들자 에피알테스가 풀밭에 벌러덩 드러누운 채 한숨을 푹 쉬며 말했다.

"내가 원하는 게 뭔지 알아?"

그 말에 아르테미스는 혼자 속으로 빌었다.

'부디 올림포스 학교로 돌아가 헤라클레스의 화관을 뺏는 것만은 아니길!'

에피알테스가 혼자 주절주절 말을 이었다.

"일단 제대로 된 식사를 하고 싶어. 올림포스 학교 식당은 밥을 너무 조금 줘. 매 끼니마다 6인분씩 먹어도 늘 배가 고파. 경기 중에 내가 휘청거린 것도 당연해. 굶주림에 시달려 몸이 허약해진 거야."

오토스가 고개를 끄덕였다.

"틀림없이 그럴 거야. 지금 집으로 가면 엄마가 저녁 식사를 차릴 때쯤 도착할 테지. 스컹크 양배추 스튜를 한 양동이 먹고 나면 금세 기력을 회복할 거야."

에피알테스는 망설이는 눈치였다. 그러자 오토스가 벌떡 일어나더니 내기를 걸었다.

"빠른 놈이 대장, 늦는 놈이 졸병!"

오토스가 숲으로 뛰어가자 에피알테스도 더 버티지 못하고 뒤따라 나섰다.

쌍둥이 거인 형제가 집으로 달려가자, 아르테미스는 하늘로 날아올라 둘의 머리 위를 빙글빙글 돌며 삐이익 하고 크게 소리쳤다. 그 소리에 오토스가 위를 쳐다보았다. 오토스는 아르테미스와 눈이 마주치자 고개를 까딱여 아는 체를 하더니 찡긋 윙크를 보냈다.

'어머나, 에피알테스를 집으로 데려가려고 일부러 내기를 걸었던 거구나!'

아르테미스는 부리 입을 가능한 구부려서 미소 지어 보이고 역시 윙크를 했다. 오토스가 손을 흔들며 작별 인사를 하자, 아르테미스도 날개 끝을 살짝 젖히고 퍼덕여 보였다. 오토스가 그렇게 갑자기 떠나자 아르테미스는 어쩐지 섭섭했다.

'나중에 편지를 써서 나머지 경기 결과라도 알려 줘야지.'

운동장으로 날아가는 동안 아르테미스는 쌍둥이라도 서로 얼마나 다를 수 있는지 곰곰이 생각해 보았다. 오토스는 친절하고 너그러운 반면, 에피알테스는 성질이 불같은 데다 무모했다. 그래도 둘은 여전히 형제이고 가장 가까운 친구였다.

'나랑 아폴론도 한때는 그랬는데. 우리도 다시 사이가 회복

되면 좋으련만!'

아르테미스가 도착할 즈음 운동장은 텅 비어 있었다. 달리기를 비롯한 야외 경기가 모두 끝난 모양이었다.

'그렇다면, 오, 맙소사! 피톤오톤이 시작된 거야!'

아르테미스의 맥박이 빨라졌다. 아르테미스는 얼른 체육관으로 내려가 본모습으로 다시 돌아왔다. 그러고는 체육관 문을 휙 열어젖히고 안으로 들어가서 복도를 달려 체육관 본관 건물로 갔다.

피톤오톤 시합을 하는 체육관은 관중이 너무 많이 몰려 통로까지 사람으로 빽빽이 들어차 있었다. 무대는 거의 보이지도 않았다. 아르테미스가 사람들 사이를 헤치고 앞으로 나아가는데 웬 남자아이 우는 소리가 들렸다.

"그만! 이렇게 싹싹 빌게. 더는 못 견디겠어!"

아르테미스의 심장이 터질 듯 쿵쿵거렸다. 그러나 곧 아르테미스는 목소리의 주인공이 아폴론이 아니라 어떤 운 나쁜 소년이라는 걸 깨달았다. 마침내 무대 가까이 다가섰더니 피톤의 따리에 어떤 인간 소년이 갇혀 있었다. 아르테미스가 모르는 얼굴인 걸 보면 올림포스 학교 학생이 아닌 것 같았다.

지원자에게 고의로 상처를 입힐 수 없다는 경기 규칙에 따라 피톤은 포로를 옥죄던 힘을 슬쩍 늦추었다. 그러나 자유롭게 풀어 주지는 않았다. 피톤은 꼬리를 올가미 밧줄처럼 빙빙 돌리며 씩 웃었다.

"이야호! 내가 묻는 질문에 대답해. 안 그러면 박살내 줄 테다, 인간!"

아르테미스 주변의 관중이 안타까운 듯 신음했다.

"우우! 쉿쉿!"

누군가 야유를 퍼붓자 피톤의 무자비한 두 눈이 날카롭게 빛났다.

"쉿쉿이라? 뱀의 말을 스스스쓰다니. 이제야 뭔가 말이 통하는 거 같군그래."

아르테미스가 잘 아는 메마르고 거친 웃음소리가 체육관에 메아리쳤다.

"인간, 기권하겠느냐?"

피톤이 소년을 들들 볶아 댔다. 피톤의 똬리에 갇힌 소년은 고개만 겨우 까딱였다. 그러자 피톤이 말했다.

"그럼 '테이오스'라고 해."

테이오스는 삼촌이라는 뜻의 그리스어와 발음이 같지만 피톤오톤에서는 기권을 상징하는 말로 쓰였다.

"테이오스!"

소년이 울먹이며 소리쳤다.

피톤은 사악하게 웃어 대며 소년을 풀어 주더니 꼬리로 소년을 후려쳐 곧장 출입구 쪽으로 밀어 버렸다.

"서서서서썩 꺼져. 이 바보 같은 녀석. 운 좋은 줄 알아라. 나랑 지혜를 겨루려고 나선 자 중에서 사사사살아남은 이는 거의 없으니까!"

소년은 기침을 콜록콜록 하고, 어지러운 듯 휘청거리며 무대를 내려왔다.

피톤은 고개를 높이 쳐들고서 흔들흔들 하며 관중을 비웃어 댔다.

"고작 이 정도가 너희의 시시시시실력이냐?"

피톤은 다음 지원자를 찾는 듯이 번들거리는 눈으로 체육관을 훑었다.

"자자, 부끄러워 마라. 다음 차례가 누구든 빨리 올라와!"

아르테미스는 몸이 덜덜 떨렸다.

빰빠밤!

전령이 살핀스를 불고 입을 모아 외쳤다.

"다음 지원자는 레슬링 경기에서 우승한⋯⋯ 헤라클레스입니다!"

'엉? 헤라클레스라고?'

아르테미스는 놀라서 뒤를 휙 돌아보았다.

'아니, 헤라클레스가 여기서 뭐 하는 거야? 아테나는 헤라클레스가 피톤오톤에 나오지 않을 거라고 했는데!'

관중들이 갑자기 어수선하게 떠드는 것으로 보아, 아무도 헤라클레스의 출전을 예상하지 못한 모양이었다. 아르테미스가 보는 앞에서 헤라클레스는 자신만만하게 무대로 올라섰다.

'만약 아폴론이 시도해 보기도 전에 헤라클레스가 피톤을 이기면 아폴론이 말도 못하게 실망할 텐데. 물론 나야 좋지만!'

아폴론은 약간 질투도 하지만 어쨌든 헤라클레스를 좋아했다. 그러니 헤라클레스가 지는 것도 반기지 않을 터였다.

아르테미스는 관중 속을 살피며 아폴론을 찾았다. 그러나 아폴론은 보이지 않고 대신 아테나를 찾아냈다. 아테나는 페르세포네와 아프로디테를 데리고 무대 가까이 다가가려고 기를 쓰고 있었다.

'아테나의 얼굴이 너무 침울하잖아. 오, 맙소사. 아테나도 이 일을 예상하지 못한 거야! 남자 친구를 잃을까 봐 두려움에 떨고 있어!'

15 쓰쓰쓰우우께끼

"이쪽이야!"

아르테미스가 친구들을 향해 소리치며 펄쩍펄쩍 뛰었다. 이내 친구들이 아르테미스를 발견하고 그쪽으로 방향을 틀었다. 세 여신은 아르테미스가 무사한 걸 보고 안심하는 눈치였다. 그러나 거인 문제가 어찌 되었는지 바로 묻지 않았다. 눈앞에 훨씬 중요한 다른 걱정거리가 있기 때문이었다.

"헤라클레스가 왜 이런 일을 벌이는지 모르겠어!"

아테나가 흑흑 흐느꼈다.

"혹시 너희 아빠가 아까 화관을 씌워 주면서 시킨 거 아냐?"

페르세포네의 말에 모두 일제히 제우스를 쳐다보았다. 제우스와 헤라는 앞줄의 특별석에 앉아 있었다. 경기 사이의 쉬는 시간에 의자를 옮겨서 특별석을 만든 모양이었다.

아르테미스와 친구들이 지켜보는 사이, 제우스는 헤라클레스에게 힘내라는 듯이 빙그레 웃으며 엄지손가락을 치켜들었다. 제우스의 기분이 느긋한 걸로 봐서 레슬링 경기 뒤에 경기장에서 벌어진 싸움 얘기는 못 들은 모양이었다. 파마가 거기 오지 않은 게 얼마나 다행인지 몰랐다!

아프로디테가 말을 꺼냈다.

"페르세포네 말이 맞는 것 같아. 아마 교장 선생님은 레슬링 우승자와 피톤이 경기를 벌이면 굉장한 볼거리가 되리라 생각하신 것 같아."

아르테미스는 속으로 생각했다.

'그것도 맞는 말이긴 해. 그리고 아무도 그런 말을 꺼내지는 않지만, 이건 교장 선생님이 아폴론을 못미더워 한다는 얘기이기도 해. 아폴론이 저 교활한 뱀을 이기기는커녕 제대로 상대나 할 수 있을까 생각하시는 거지. 흠, 그건 좀 속상한데!'

그러나 한편으로 아르테미스는 제우스의 생각을 이해할 수 있었다. 헤라클레스는 열두 가지 과업을 수행하면서 야수를 상대로 패기를 증명했으니 누구보다 이길 가능성이 높았다!

페르세포네는 아테나를 얼른 꼭 끌어안으며 흥분한 친구를 진정시키려 했다. 한편 헤라클레스는 이제 무대로 올라가 피톤에게 다가섰다. 어깨에는 커다란 몽둥이를 척 올리고, 머리에 올리브 화관을 쓴 채였다. 피톤은 몽둥이를 가만히 쳐다보다가 눈길을 제우스에게 휙 돌렸다.

"경기 규칙에 따르면 무기는 스스스스쓸 수 없도록 되어 있소소소."

제우스는 고개를 끄덕이더니 큰 소리로 외쳤다. 목소리가 어찌나 큰지 체육관에 있는 관중이 다 들을 수 있었다.

"헤라클레스, 미안하구나. 피톤 말이 맞다!"

미안하다고 했지만 사실상 무기를 내려놓으라는 명령이나 다름없었다. 헤라클레스는 마지못해 몽둥이를 무대 끝에 내려놓았다. 그 순간 아프로디테가 아르테미스의 귀에 속삭였다.

"아르테미스, 너 괜찮아? 레슬링 경기장 밖으로 나오자마자 널 찾았어. 그 쌍둥이 거인은 어떻게 됐니?"

"나중에 이야기해 줄게."

아르테미스도 속삭여 답했다. 아르테미스는 싸움을 멈추려던 노력이 성공해서 그저 기쁠 뿐이었다.

"나머지 경기 결과는 어떻게 됐어?"

아프로디테가 활짝 웃으며 대답했다.

"아레스가 200미터, 400미터, 4000미터 달리기 경기에서 모두 우승했어."

"이야, 잘됐다. 나머지 경기는?"

옆에서 듣고 있던 페르세포네가 대신 대답했다.

"제자리멀리뛰기는 하데스가 우승했어. 하데스는 그간 지하 세계에서 시뻘겋게 흐르는 용암 줄기를 뛰어넘느라 연습 아닌 연습을 많이 한 덕분이래."

이번에는 아프로디테가 대답했다.

"그리고 원반던지기는 인간 세상에서 온 히아킨토스라는 애가 우승했어."

아르테미스는 감탄을 터뜨렸다.

"우아! 교장 선생님이 엄청 기뻐하시겠는걸. 네 종목 중 올림포스 학교 학생이 세 종목이나 우승했잖아!"

그러자 아프로디테가 한마디 거들었다.

"그리고 이제 피톤과 겨루는 경기만 남았지."

네 여신은 모두 무대를 쳐다보았다.

피톤은 이미 헤라클레스의 눈을 똑바로 쳐다보고 있었다. 피톤과 헤라클레스는 서로를 살피며 조심스럽게 빙글빙글 무대를 맴돌았다.

피톤이 먼저 입을 열었다.

"그래애, 넌 날 힘으로 이길 수수수수 있을 거라 새새새생각하는구나. 그런데 어쩌지? 이건 지혜를 겨루는 경기인걸?"

얼굴 표정을 보니 이제 막 헤라클레스도 피톤이 마음을 읽을 수 있다는 걸 깨달은 것 같았다. 갑자기 헤라클레스는 자신감을 잃고 불안해했다.

"이제부터 두 가지 질문을 던지겠다. 네가 올바른 대답을 내어놓지 못하면, 당연히 못 하겠지만, 넌 '테이오스'라고 외쳐야 하고 내가 스스스승리를 얻게 된다. 알겠나? 참고로 난 이기는 걸 정말 좋아한다고!"

이어서 피톤이 몇 번인가 쉭쉭거리고 콧방귀를 흥흥 꼈다. 피톤은 일부러 헤라클레스를 비웃고 있었다! 의심할 것도 없이 모두 헤라클레스의 사기를 꺾으려는 수작이 틀림없었다.

"좋아, 해보자고!"

헤라클레스는 어느 정도 자신감을 되찾은 것 같았다.

"첫 번째 질문이다!"

피톤이 쉭쉭거리며 공식적으로 싸움을 시작했다.

"아침에는 네 발로, 낮에는 두 발로, 저녁에는 세 발로 걷는 존재가 무엇이지? 그것은 다리가 늘어날수록 점점 약해진다."

아테나는 헤라클레스가 답을 알아내기를 바라느라 주먹을 꽉 쥐고 몸을 무대 쪽으로 기울였다. 그 모습을 보며 아르테미스는 생각했다.

'난 수수께끼에 별로 강하지 않지만 아테나라면 이야기가 다른데. 헤라클레스가 아테나의 생각을 읽을 수 있다면 얼마나 좋을까?'

헤라클레스가 소리쳤다.

"흥, 이봐, 피톤. 문제가 너무 쉽잖아. 이건 전에 들어 본 적 있는 수수께끼란 말이야. 테베의 입구를 지키는 스핑크스한테서 수수께끼를 슬쩍한 거지?"

그 말을 듣자 아테나는 안심하며 희미하게 웃었다.

"휴, 다행히 이건 헤라클레스가 답을 아는구나."

"답은 사람이야."

헤라클레스는 자신만만한 목소리로 외쳤다.

"사람은 아기 때는 네 발로, 어른이 되어서는 두 발로 걷지. 늙어서는 지팡이를 짚기도 하는데, 그럼 지팡이가 세 번째 다리가 되는 거야."

"글쎄, 난 아직도 이해가 안 돼."

아프로디테가 친구들에게 속삭이자 한숨 놓은 아테나가 설명해 주었다.

"아침은 하루의 시작이니까 인생의 첫 번째 기간을 상징하는 거야. 즉, 어린아이 시절을 말하는 거지."

"아!"

아프로디테는 금방 무슨 말인지 깨달았다.

"그럼 오후는 하루의 중간이니까 어른이 되어 인생의 중반을 보내는 때이고, 저녁은 하루의 마지막이니까 인생의 후반을 뜻하는 거구나!"

"아주 잘했어, 헤라클레스스스스."

피톤이 입을 떼자 모두 그쪽으로 주의를 돌렸다. 피톤은 고개를 숙이고 기다란 혀를 날름거렸다. 아르테미스는 피톤이 아주 조심스럽게 헤라클레스와 일정한 거리를 두고 있다는 걸 알았다.

'어라? 피톤이 헤라클레스를 두려워하네. 흠, 이거 흥미로운데!'

피톤이 다시 말을 이었다.

"자, 그럼 두 번째 질문도 얼마나 잘하는지 보자. 열 살 난 소년이 두 어른과 시장을 방문했다. 한 사람은 서른 살이고 나머지 하나는 쉰 살이었어. 이들의 가족 관계를 예를 들어 할아버지, 아버지, 아들 이런 식으로 밝히되 중복되지 않게 다섯 가지로 말할 수 있겠나? 그러나 한 번 말한 관계는 다시 반복되면 안 돼."

순식간에 관중이 조용해졌다. 아르테미스는 모두 자기처럼 정답을 찾고 있기 때문이라고 짐작했다.

'음, 이건 쉬운데. 그 소년은 아마도 서른 살 먹은 남자의 '아들'일 테니, 그러면 그 남자는 소년의 '아버지'이겠지. 그리고 쉰 살 먹은 남자는 소년의 '할아버지'일 거야. 그럼 가족 관계가 하나, 둘, 셋 나왔네.'

아르테미스는 손가락을 꼽으며 확인했다.

'아, 그렇구나. 그리고 그 소년은 쉰 살 먹은 남자의 '손자'겠지. 그럼 넷이 됐고. 그런데 다섯 번째 관계는 뭐지?'

아르테미스는 서른 살 먹은 남자가 쉰 살 먹은 남자의 '아들' 임이 떠올랐다. 그러나 그렇게 되면 '아들'이 두 번 나오게 되는데, 피톤은 같은 말을 두 번 쓸 수 없다고 했으니 답이 될 수 없었다.

헤라클레스도 아르테미스와 같은 방식으로 생각했는지 이렇게 말했다.

"흠, 소년이 서른 살 먹은 남자의 아들이라고 생각하면 문제를 풀 수 없어."

이어 헤라클레스는 손가락을 딱 튕겼다.

"아하, 알았다! 소년은 '아들'이 아니야. '조카'구나!"

피톤이 꼬리를 사정없이 흔들며 바닥을 탕탕 때리더니 다시 허공으로 쳐들고 성난 듯이 빙빙 돌렸다. 헤라클레스가 이번 문제도 맞힌 건가 싶어 걱정하는 게 분명했다. 그러나 피톤은 쉽게 물러서지 않았다.

"계속해 봐."

"좋아!"

헤라클레스는 씩 웃으며 답을 말했다.

"쉰 살 먹은 남자는 소년의 '할아버지'야. 그러니 소년은 쉰 살 먹은 남자의 '손자'인 거지. 그럼 '조카'를 포함해서 세 가지가 나온 거지? 자, 그리고 서른 살 먹은 남자는 쉰 살 먹은 남자의 '아들'이야. 그럼 넷. 소년이 서른 살 먹은 남자의 '조카'이니까 서른 살 먹은 남자는 소년의 '삼촌'이야!"

"소소소소소년의 뭐라고?"

피톤이 못 들은 척 다시 물었다.

"소년의 삼촌이라고. 소년의 테이오스!"

헤라클레스가 소리쳤다.

곧바로 피톤이 송곳니를 드러내며 입이 찢어져라 웃었다. 관중들은 헤라클레스의 안전이 걱정스러워 헉하고 숨을 들이쉬었다.

"어머나, 안 돼!"

아르테미스 곁에 서 있던 아테나가 외쳤다. 늘 그렇듯이 아테나는 다른 사람보다 한 발 먼저 사태를 깨달았다.

"야호! 내가 이겼어! 내가 이겼다고!"

피톤은 걱걱 갈라지는 목소리로 승리의 환성을 지르더니 몸을 꼿꼿이 세우고 꼬리 끝으로 빙글빙글 돌았다. 헤라클레스와 아테나를 뺀 나머지는 무슨 영문인지 몰라 잠시 멍하게 서 있었다. 그러나 다음 순간 모두가 끙 하고 신음을 뱉었다. 그 수수께끼는 속임수였다! 헤라클레스는 별 생각 없이 '테이오스'라는 말로 '삼촌'을 외쳤는데, 이 경기에서 '테이오스'는 '기권'이라는 뜻으로 쓰고 있었다.

페르세포네가 나직하게 중얼거렸다.

"불쌍한 헤라클레스. 수수께끼를 둘 다 맞혔는데도 지다니!"

헤라클레스는 어깨를 축 늘어뜨린 채 몽둥이를 질질 끌고 갔다. 패배한 채 무대를 떠나는 헤라클레스의 뒤로 몽둥이도 쿵쿵거리며 계단을 따라 내려갔다.

아르테미스는 얼른 제우스 쪽을 쳐다보았다. 제우스는 헤라클레스를 향해 어깨를 으쓱하며 엄지손가락을 치켜세웠다. 아마도 '모든 경기를 이길 수는 없잖아. 어쨌거나 수고했다.'라는 뜻 같았다.

전령들이 살핀스를 불자 관중들이 다시 조용해졌다.

"이제 마지막 참가자 차례입니다!"

전령들이 한목소리로 외쳤다.

"올림픽 경기 중 유일하게 이 경기에만 도전한 아폴론을 큰 박수로 맞아 주십시오!"

제우스와 관중들이 예의를 차려 박수를 치고 환성을 올렸지만 아르테미스는 움찔하지 않을 수 없었다.

'으, 바보 전령 같으니라고. 아폴론이 이 경기에만 지원했다는 말은 뭣 때문에 하는 거야?'

아폴론이 무대에 오르자 아르테미스는 삑삑 휘파람을 불고 박수를 치며 응원했다. 그러나 아르테미스는 아폴론의 손이 바들바들 떨리는 걸 놓치지 않았다.

"힘내, 아폴론, 넌 할 수 있어."

아르테미스가 혼자 중얼거렸다.

"아하."

아폴론이 다가서자 피톤이 쉭쉭거리며 입을 열었다.

"드디어 만나는군!"

피톤은 메마르고 걸걸거리는 소리를 냈다. 나름대로 웃고 있다는 표시였다.

"너도 네 누나만큼이나 재미있는 아이면 좋겠구나."

피톤이 고개를 휙 돌리고서 관중석을 쳐다보자 아르테미스는 본능적으로 몸을 숙였다.

'저 교활한 뱀이 또 내게 최면을 걸어 비밀을 빼내도록 할 수는 없어!'

곁에 있던 아프로디테가 놀란 눈으로 아르테미스를 빤히 쳐다보았다. 아르테미스의 넘치는 용기가 갑작스레 어디로 사라진 건지 의아해하는 눈치였다. 아르테미스는 무대 가장자리를 슬그머니 쳐다보았다. 피톤은 다시 고개를 돌려 아폴론을 찬찬히 살폈다.

"나도 아르테미스가 이곳에서 경기를 보고 있으면 좋겠어. 네가 나한테 무참히 깨지는 꼴을 놓치면 섭섭하잖아! 특히 아르테미스의 잘못 때문에 네가 진다면 더 재미있겠지!"

이제 아프로디테를 비롯한 나머지 친구들도 아르테미스를

말똥말똥 쳐다보았다.

아테나가 먼저 물었다.

"저게 무슨 소리야?"

아르테미스는 마른침을 꼴깍 삼키고 나서 친구들에게 약속했다.

"어, 나중에 얘기해 줄게."

아르테미스는 이 난리 법석이 다 끝나고 나면 친구들에게 설명해야 할 일 목록에 '피톤 무단 방문 사건'도 넣어 놓았다.

한편 무대에서는 피톤이 갑자기 똬리를 풀고 꼬리로 아폴론의 다리를 감아 자기 쪽으로 확 잡아당겼다. 피톤은 몸을 낮추고 아폴론의 얼굴 앞에 자기 머리를 바싹 가져다 대더니 노란 눈을 번득였다. 아마도 아폴론이 자기를 마주 쏘아보게 하려는 의도 같았다.

그러나 피톤이 아무리 노려보아도 아폴론은 고개를 옆으로 돌린 채 꼼짝도 하지 않았다. 피톤은 머리를 이리저리 움직이며 아폴론과 눈을 마주치려 애썼다.

"왜 그러는 거지? 내가 너무 무서워서 쳐다보지도 못하는 건가?"

피톤은 성난 목소리로 아폴론을 조롱했다.

"아니, 난 그저 네가 내 마음을 못 읽게 하려는 것뿐이야."

아폴론은 솔직하게 대답했다. 정말이지 아폴론은 거짓말을 못 했다.

"자, 그럼 두 번째 질문은 뭐야?"

아폴론이 쏘아붙였다.

피톤은 깜짝 놀라 성질을 부리며 고개를 뒤로 젖혔다. 아르테미스와 친구들도 눈을 휘둥그레 뜨고 서로를 쳐다보았다. 아폴론이 지금 어떤 일을 해낸 건지 깨닫고서 친구들은 신이 나서 어쩔 줄 몰랐다. 아폴론의 꾀에 걸려들어 피톤이 쉬운 문제를 내고 만 것이었다!

아폴론이 피톤에게 당당히 맞서는 모습을 보자 아르테미스는 마음속에서 동생에 대한 존경심이 퐁퐁 솟아올랐다. 그리고 깨달았다.

'아폴론은 어떤 싸움을 할지 스스로 선택할 권리가 있어. 그리고 난 아폴론 대신 모든 싸움을 대신 싸워 줄 수도 없고, 그래서도 안 돼. 난 아폴론에게 믿음직스런 누나가 되려는 것뿐이라 생각했지만, 사실은 그저 이래라저래라 간섭만 하고 있었을지도 몰라. 게다가 과잉보호하려고 들었지. 이 경기에서 어떤 결과가 나오든 앞으로는 아폴론의 선택을 존중하겠어.'

그러나 불행히도 피톤은 이제 아폴론이 같은 속임수로 손쉽게 빠져나가도록 두지 않을 작정인 것 같았다.

"오호, 꽤나 영리한 녀석이군그래!"

피톤의 말 한마디 한마디에서 비꼬는 냄새가 풀풀 풍겼다.

"뭐, 사사사상관 없어. 네 마음을 읽을 필요도 없다. 네 누나 덕분에 난 네 약점을 이미 알고 있으니까. 넌 거짓말을 못 해."

아폴론은 여전히 고개를 돌린 채 대꾸했다.

"그렇다면 다음 질문을 던지기 전에 이 말을 잘 생각해 봐야 할 거야. 이제부터 내가 하는 말은 거짓말이야."

희한한 문장에 집중력이 흐트러졌는지 피톤이 눈을 찌푸리고 혀를 날름거리며 한참 생각에 빠졌다.

"그건 앞뒤가 맞지 않아!"

피톤은 생각을 정리하려는 듯이 머리를 흔들었다.

"네가 지금 한 말이 사사사사실이라면, 넌 진실의 신이니 참 문장을 이야기했는데도 거짓말을 하게 되는 거잖아."

피톤은 아폴론의 다리에서 꼬리를 풀더니 헷갈린다는 표시로 휘휘 휘둘렀다.

"그런데 네 말이 거짓말이라면 네 말이 거짓임에도 불구하고 넌 거짓말을 하고 있는 게 아니잖아."

피톤은 이제 완전히 불안해져서 꼬리를 똬리 위로 올렸다가 똬리 밑으로 넣었다가 하며 혼자 자기 몸에 계속 매듭을 만들었다. 조금 후에 피톤은 어지러운지 머리를 흔들흔들 했다. 피톤의 꼬리는 이미 엄청나게 복잡한 황녹색 꽈배기가 되어 있었다. 마침내 피톤이 입을 열었다.

"그럼 네가 거짓말을 하는 거면 넌 진실을 말하는 거고, 네가 진실을 말하는 거면 넌 거짓말을 하고 있는 거야!"

'아, 저게 역설이구나.'

아르테미스는 전날 올리브 숲에서 아폴론이 읽던 두루마리 책이 떠올랐다. 아폴론은 피톤한테 참도 거짓도 아닌 논리적으로 모순되는 문장을 내세워 어떤 답도 낼 수 없게 만들었다! 갑자기 아르테미스는 마법 예언 구슬의 답이 떠올랐다. 아르테미스가 구슬에게 아폴론이 피톤을 이기겠느냐고 물었을 때 구슬은 '참 그리고 거짓.'이라고 대답했다.

'아하, 이제 구슬이 무슨 말을 한 건지 알겠어!'

아폴론은 피톤을 보며 싱글싱글 웃었다.

"내가 널 꼼짝 못하게 만든 것 같은데. 어때, 기권하겠어?"

"누구, 내가?"

피톤이 아폴론에게 되물었다. 동시에 피톤은 지금 막 두 번째 질문을 던졌다는 걸 깨달았다. 짜증이 난 피톤이 무시무시하게 울부짖었다.

"으아아, 테이오스스스스스!"

패배를 인정하는 날카로운 비명이 체육관에 쩌렁쩌렁 울려 퍼졌다. 피톤은 똬리를 풀더니 무대 막 뒤로 스르르 기어갔다.

아르테미스는 기쁨이 차올라 환호성을 질렀다. 그러나 너무 놀란 관중들은 3초 정도 쥐 죽은 듯이 고요하게 가만히 있었다.

'헤헤, 다들 아직도 아폴론의 역설을 이해하느라 바쁘구나!'

아폴론이 관중을 향해 돌아서자 드디어 "와아아!" 하고 함성이 터져 나왔다. 아폴론은 두 팔을 번쩍 치켜들고서 승리의 V자 사인을 만들었다.

"내가 해냈어!"

아폴론이 스스로도 믿을 수 없다는 듯 흥분해서 소리쳤다. 이어 아폴론은 관중 틈에서 아르테미스를 찾았다. 서로 눈이 마주치자 둘은 빙그레 웃었다. 아르테미스는 기꺼이 동생을 향해 V자 사인을 보냈다.

쿵!

제우스가 단번에 특별석에서 펄쩍 뛰어 무대로 갔다.

'이야, 교장 선생님 정말 신이 나셨나 보네!'

제우스는 아폴론의 머리에 올리브 화관을 씌워 주고 우승자로 선언했다. 이어 제우스는 우레와 같은 목소리로 외쳤다.

"아폴론의 명예를 기리기 위해 파르나소스에 멋진 신전을 건축할 것이오! 자, 이제 모든 참가자와 올해 올림픽 우승자에게 큰 박수를 보냅시다!"

체육관이 흔들거릴 정도로 박수가 쏟아지자 제우스는 한마디를 더했다.

"자, 모든 행사를 마치기 전에 한 가지, 아니 사실은 두 가지 알릴 사항이 있소이다."

모든 관중이 조용히 기다리는 사이 제우스는 헤라를 무대로 불렀다. 아름다운 푸른색 키톤 차림에, 풍성한 머리칼에 더한 공작새 깃털 장식까지 한 헤라의 모습은 참으로 당당하고 품위 있었다. 헤라는 미끄러지듯 계단을 올라 제우스 곁에 섰다.

아르테미스는 아테나를 힐끗 쳐다보았다. 아테나는 입술을 꼭 다문 채 너무 흥분해서 온몸이 터질 것 같은 표정이었다.

아르테미스가 조용히 아테나에게 속삭였다.

"넌 교장 선생님이 무슨 말씀을 하려는지 알고 있구나, 그렇지?"

아테나가 활짝 웃으며 답했다.

"둘 중 하나는 알고 있어."

아르테미스와 아테나가 무대로 고개를 돌리는 순간 제우스가 말했다.

"첫 번째로 알릴 소식은 헤라와 내가 약혼하기로 했다는 것이오!"

여학생들은 일제히 낭만적이라는 듯 한숨을 폭 쉬고, 좋아서 어쩔 줄 모르며 박수를 쳤다. 남학생들도 삑삑 휘파람을 불고 "와!" 하고 환호성을 질렀다.

"내가 미리 알고 있던 소식이 저거야."

아테나가 속삭였다.

"이제 두 번째 소식을 전하리다."

제우스의 목소리가 다시 체육관을 뒤흔들었다. 제우스는 헤라를 다정하게 쳐다보며 말했다.

"이 사랑스러운 여인이 내 청혼을 받아들이기 전에 나한테 한 가지 약속을 하게 했다오. 이곳에 모인 학생의 절반 이상을 아주 행복하게 할 일이지."

제우스는 잠시 말을 멈추었다가 큰 소리로 선언했다.

"곧 새로운 운동 경기가 열릴 것이오. 그리고 그 경기는 오직 여학생만을 위한 행사가 될 것이오."

아르테미스는 그대로 숨이 멎을 것 같았다. 아르테미스가 헤라를 쳐다보자 헤라는 아르테미스에게 찡긋 윙크를 했다.

'우아, 헤라 님이 교장 선생님을 설득했어!'

관중석에 있던 모든 여학생이, 그리고 대부분의 남학생이 큰 박수를 보냈다. 아폴론이 이겨 모두 잔뜩 들뜬 것 같았다.

"새 경기는 '헤라이언 게임(Heraean Games)'이라고 불릴 것이오! 내가 헤라를 기리기 위해 직접 지은 이름이지. 어때? 근사하지 않나?"

아르테미스는 친구들을 향해 돌아섰다.

"헤라 님이 우리를 위해 여학생 올림픽을 이끌어 내셨어! 정말 대단한 분이지 않니?"

"그래, 그리고 패션 감각도 완전 근사해."

아프로디테가 헤라의 차림새를 감탄하며 살폈다.

"머리의 공작새 깃털 장식이 정말 멋진 것 같아."

아르테미스는 조만간 아프로디테도 머리에 깃털을 꽂을 것 같은 예감이 들었다.

아테나는 아르테미스를 걱정스럽게 바라보며 물었다.

"아빠가 맘대로 우리 올림픽 이름을 지어서 화난 거 아니지?"

"저어어언혀. 허로림픽은 너무 구렸어."

아르테미스는 자기 생각을 솔직히 털어놓았다.

"게다가 난 교장 선생님이 올림픽 이름을 떡갈비라고 바꿨다 해도 무조건 좋아했을 거야. 우리만의 올림픽이 열리게 됐잖아! 이야호! 유후! 이게 정말 믿어지니?"

아르테미스와 친구들은 서로 얼싸안고 좋아서 깡충깡충 뛰었다.

아프로디테가 활짝 웃으며 말했다.

"아, 빨리 결혼식이 보고 싶어 못 견디겠어!"

"두 분 결혼식에 꽃 장식이 필요할까?"

페르세포네가 묻자 아테나는 까르르 웃음을 터뜨렸다.

"맙소사! 애들아, 두 분은 이제 막 약혼한 것뿐이야!"

학생들이 체육관을 빠져나가기 시작했다.

"애들아, 나 얼른 가서 아폴론을 축하해 주고 올게."

아르테미스는 친구들한테서 떨어져 나왔다.

"슈퍼파워 슈퍼마켓에서 경기 종료 축하 행사가 열리는 거 잊지 마."

아테나가 뒤에서 외쳤다.

"알았어. 거기서 보자!"

아르테미스는 손을 흔들어 인사하고 친구들 곁을 떠났다.

수많은 관중이 아폴론에게 축하 인사를 건네고 싶어 하는 게 당연한 만큼 아폴론은 아이들에게 완전히 둘러싸여 있었다. 아르테미스는 뒤로 물러나 잠잠히 자기 차례를 기다렸다. 그러다 문득 뒤에 헤라가 서 있는 것을 보고 돌아섰다.

"헤라 님, 저희를 위해서, 올림포스 학교의 모든 여학생을 위해서 이런 일을 해 주시다니 정말 고맙습니다."

그러자 헤라가 두 눈을 반짝이며 대답했다.

"고맙다는 인사는 아폴론한테 하렴."

"예?"

아르테미스가 어리둥절한 티를 확연히 드러냈는지 헤라가 웃으며 덧붙였다.

"오, 이런. 너한테 말하지 않기로 했는데. 약혼하게 되는 바람에 너무 흥분해서 깜박했구나."

"뭘 말하지 않기로 하셨는데요?"

이제 아르테미스는 무슨 말인지 더욱 헷갈렸다.

헤라는 말하기로 결심한 듯 두 손을 모으며 말을 꺼냈다.

"어제 저녁 식사 후에 내가 교장실에서 제우스 님께 네 탄원서를 보여 드렸단다. 그런데 그때 아폴론이 교장실로 들어오더니 새 탄원서를 몇 장이나 내밀었어. 도대체 어떻게 했는지 모르겠지만 네 쌍둥이 동생이 올림포스 기숙사에서 지내는 모든 남학생의 서명을 받아 온 거야."

아르테미스는 입이 절로 딱 벌어졌다. 헤라는 아르테미스를 향해 빙긋이 웃으며 말을 이었다.

"내가 제우스 님께 여학생 올림픽을 허락하지 않으면 결혼하지 않을 거라고 말한 건 사실이야. 그러나 그건 아폴론이 모아 온 학생들의 서명을 제우스 님이 보고 나서의 일이란다. 내 생각에 정말로 교장 선생님의 마음을 움직인 건 아폴론이 가져온 탄원서였어."

아르테미스의 눈에 눈물이 그렁그렁 맺혔다.

"아폴론이 날 위해서, 여학생들을 위해서 그런 일을 했단 말이에요?"

헤라는 고개를 끄덕이며 대답했다.

"아폴론은 제우스 님께 여학생 올림픽을 허락해 주시기를 진심으로 바란다고

했어. 그 일이 아르테미스 네게 중요하기 때문만이 아니라, 그게 공평한 처사이기 때문이라고 하더구나."

헤라는 잠시 후 한마디를 덧붙였다.

"아르테미스, 그렇게 믿음직한 동생을 두다니 넌 행운아야."

"예. 그런데 아폴론은 왜 저한테 그 사실을 알리지 않으려고 했을까요?"

헤라는 재미있다는 듯 입꼬리를 살짝 올리며 슬쩍 웃었다.

"내가 똑바로 기억하는 거라면 네 동생은 정확히 이렇게 말했어. '내가 도우려 했다는 걸 알면 그 일 가지고 평생 툴툴거릴 거예요.'"

아르테미스는 눈을 빙글빙글 굴리며 대답했다.

"어휴, 정말 제 동생다워요."

그때 제우스가 아르테미스와 헤라 곁으로 다가왔다.

"아름다운 헤라여, 이제 그만 갈까요?"

제우스가 두툼한 팔을 내밀었다.

"그래요, 내 사랑."

헤라의 얼굴이 행복으로 환히 빛났다. 헤라는 아르테미스에게 작별 인사를 하고 제우스와 팔짱을 꼈다. 그렇게 두 신은 제왕과 제후처럼 우아하게 무대를 떠났다. 실제로도 그 둘은 신들의 제왕과 제후니까.

이제 아폴론을 둘러싼 인파가 훨씬 줄어들었기에 아르테미스는 서둘러 아폴론 가까이 다가갔다. 앞쪽에 헤라클레스가 아폴론의 등을 툭툭 두드려 주는 모습이 보였다.

"어이, 친구. 축하해."

헤라클레스는 진심을 듬뿍 담아서 축하 인사를 건넸다.

"너 정말 멋졌어. 나도 너만큼 똑똑하면 좋았을 텐데!"

"에이, 너무 자책하지 마. 피톤이 네게 지저분한 꼼수를 썼어. 나한테 그 방법을 썼다면 나도 꼼짝없이 걸려들었을 거야."

그러자 헤라클레스가 씩 웃더니 피톤 흉내를 냈다.

"그렇게 새새새생각해?"

아폴론과 헤라클레스는 신나게 웃었다. 한참 웃던 아폴론이 아르테미스를 발견하더니 축하해 주려고 줄선 아이들에게 농담 분위기를 살려 말했다.

"애들아, 축하해 줘서 정말 고마워. 이제 난 내 사사사사쌍둥이 누나를 좀 만나야 할 것 같아."

아폴론은 아이들 사이를 비집고 아르테미스에게 다가왔다.

"아르테미스, 고마워."

아폴론이 헤벌쭉 웃더니 말을 이었다.

"하마터면 이기지 못할 뻔했어. 네 그……."

아폴론은 차마 말을 잇지 못하고 우물쭈물거렸다. 그러자 아르테미스가 팔꿈치로 아폴론의 가슴팍을 쿡 치며 말했다.

"빨리 말해! 난 이미 다 알고 있으니까."

"네 도움이 없었더라면 말이야!"

아폴론은 끙 하고 신음 소리를 한 번 내더니 다시 싱글싱글 웃었다.

"이제 이 일 가지고 평생 툴툴거릴 거지?"

"아니!"

아르테미스는 아폴론에게 교장 선생님한테 가서 여학생 올림픽이 열릴 수 있도록 거든 데 대해 고맙다는 인사를 하고 싶었다. 그러나 그 순간 메두사가 헐레벌떡 다가왔다.

"네가 해냈어!"

메두사가 여느 때와 달리 행복해 보이는 얼굴로 외쳤다.

"여학생 올림픽이 열리다니. 이야호!"

메두사는 잠깐 동안 춤까지 덩실덩실 췄다.

아폴론과 아르테미스는 입을 딱 벌리고 메두사를 바라봤다. 메두사의 얼굴에서 미소를 보는 것만으로도 너무 특이한 일이라 둘은 순간적으로 멍해졌다. 그런데 다른 사람도 아니고 메두사가 춤을 춘다고? 그건 정말 말도 안 되게 이상한 일이었다.

아폴론과 아르테미스의 표정을 보더니 메두사는 쑥스러운 듯 춤을 멈췄다. 그러고는 뱀 머리칼을 어깨 너머로 휙 넘기면서 다시 쌀쌀맞은 척을 했다.

"적어도 이름이 허로림픽이 아니라 다행이야. 무슨 그런 촌스러운 이름이 있담!"

그러더니 메두사는 평소의 모습으로 돌아가 한들한들 걸어갔다.

"참 나, 이름이 뭐든 무슨 상관이야!"

아르테미스가 투덜거렸다.

"어쨌거나 올림픽을 얻어 냈잖아!"

아르테미스는 좋아서 어쩔 줄 모르고 춤까지 추던 메두사의 모습을 흉내 냈다.

아폴론과 같이 한바탕 웃고 나서 아르테미스가 물었다.

"모두 다 같이 축하하러 가지 않을래?"

"나야 좋지! 오늘 난 축하할 일이 정말 많거든! 이야호!"

아폴론은 허공을 향해 승리의 주먹을 치켜들었다. 저쪽에 있던 학생들이 아폴론의 모습을 보고 함께 환성을 올렸다.

'지금은 아폴론이 주인공이야.'

아르테미스는 그렇게 결론을 내렸다. 쌍둥이 거인 형제와 있었던 일이며, 아폴론이 도움을 줬다는 사실을 알고 있다는 이야기는 나중에 해도 상관없었다. 그 생각을 하자 아르테미스는 어쩐지 눈물이 나려 했다. 그러나 지금은 그저 피톤을 이겼다는 아폴론의 행복과 새로 헤라이언 게임을 얻어 냈다는 자신의 기쁨만을 누리고 싶었다.

체육관을 나와 슈퍼파워 슈퍼마켓으로 걸어가는 동안 아폴론은 내내 상으로 얻게 된 신전 이야기를 신이 나서 떠들었다.

"물론 제우스 교장 선생님의 새 신전만큼 웅장하지는 않겠지. 그래도 내 신전에는 아주 훌륭한 사제를 두고 정확한 신탁을 전하게 할 거야."

아르테미스가 대답했다.

"사람들이 정말 좋아하겠는걸. 넌 진실과 예언의 신이니까 사람들이 자기 미래에 관한 신탁을 받으려고 앞다투어 네 신전에 몰려들 거야."

그러자 아폴론이 깊은 생각에 빠진 듯 인상을 찌푸리며 이마에 두 손가락을 가져다 댔다.

"음. 내 미래에서 그 모습이 보이네. 그리고 아르테미스 네 미래에도 신전이 보이는데? 어마어마하게 커."

"진짜? 아니면 그냥 듣기 좋으라고 하는 소리야?"

그러자 아폴론은 이마에서 손가락을 떼며 대꾸했다.

"다른 애도 아니고 네가 나한테 그렇게 묻다니 말이 돼?"

"아, 맞다! 넌 거짓말을 못 하지! 우아, 날 섬기는 신전이라니."

아르테미스는 생각에 빠져들었다.

'정말 믿기 어려운 일이잖아. 사람들이 날 숭배하러 신전에 간다니! 거기 익숙해지려면 시간 꽤나 걸리겠다. 물론 언제 지어질지조차 아직 모르지만 그래도 친구들과 같이 신전을 어떻게 꾸밀지 계획을 슬슬 짜 봐야겠는걸!'

아폴론과 아르테미스는 마침 하데스, 페르세포네와 함께 걸어가던 악타이온 곁을 스쳐 지났다. 아르테미스를 보자 악타이온이 반갑게 손을 흔들었다. 악타이온도 슈퍼파워 슈퍼마켓으로 향하고 있다는 걸 깨닫자 아르테미스의 가슴이 콩닥콩닥 뛰었다.

"내 자리 좀 맡아 줘!"

악타이온이 소리쳤다.

"알았어."

아르테미스도 소리쳐 대답했다.

"어, 샌들에 돌이 들어갔어."

아폴론이 멈춰 서더니 샌들을 툭툭 털었다. 그러나 아르테미스는 아폴론의 말을 듣는 둥 마는 둥 했다. 악타이온과 한 탁자에 나란히 앉는 상상을 하느라 바빴기 때문이었다.

'무슨 이야기를 나누지? 아, 서로 사슴이 되었던 경험을 비교해 보면 되겠다! 악타이온이 내가 벌인 일에 대해 웃어 버릴 수도 있겠지만, 그래도 이번에는 기분 좋은 웃음일 거야. 음, 그리고 같이 셰이크를 마시다 보면 내 손이 그 애 손을 스칠 수도 있겠지. 물론 우연히 말이야.'

아폴론이 다시 걷기 시작하자 아르테미스는 퍼뜩 정신이 들었다. 아르테미스가 분홍빛 공상에 빠져 있는 동안 아폴론은 벌써 몇 걸음이나 앞서 가 있었다. 아르테미스가 쫓아오길 기다리는 동안 아폴론은 다시 손가락을 이마에 가져다 댔다.

"네 신전은 에페소스에 지어질 것이다."

아폴론은 예언하는 척하며 말을 이었다.

"그리고 그 신전은 고대 세계의 7대 불가사의가 될 운명을 지니리라."

솔직히 아르테미스는 아폴론이 지나치게 부풀려서 이야기하고 있다고 생각했지만 아폴론을 웃기려고 엄지를 치켜들었다.

"우아! 끝내주는데. 하지만 일단 지금은 암브로시아 세이크로 만족할래. 네가 사 줘."

아폴론은 빙그레 웃으며 대답했다.

"누가 빨리 가나 해 볼까? 이제 곧 올림픽에 참가할 테니 연습을 많이 해야 할 거 아냐!"

아폴론이 먼저 앞으로 튀어나갔지만 아르테미스는 금방 아폴론을 따라잡았다. 아폴론과 나란히 보폭을 맞추면서 아르테미스는 슈퍼파워 슈퍼마켓까지 가장 빠른 은 화살처럼 쌩하니 날아갔다.

옮긴이의 말

　이번 이야기 속의 아르테미스, 정말 멋지지 않나요? 물론 어이없는 일을 벌이기도 하고, 연애에는 젬병이고, 솔직히 좀 구질구질하지만 누구나 이렇게 매력적인 친구가 꼭 한 명 있었으면 하고 바라게 되지요. 아마 그래서 구질구질한 걸 못 견디고, 개도 싫어하는 아프로디테가 방을 따로 쓰는 한이 있더라도 아르테미스와 단짝으로 지내는 걸 거예요.

　이번 이야기에서 여러분은 아르테미스의 어떤 면이 여러분과 가장 비슷하다고 느꼈나요? 학교에서 짜증 나는 남자애들과 입씨름을 벌일 때? 뭐든지 어설퍼 보이는 동생을 챙기느라 바쁠 때? 어른들이 위험하다며 말리는 일을 슬그머니 해 버릴 때? 전 이번 이야기를 읽는 내내 제 초등학교 때 모습이 떠올라서 한참 웃었어요. 정말 제 얘기 같았거든요. 여러분도 이야기를 읽으며 한번쯤은 '어머, 내 이야기 같아.'라며 고개를 끄덕인 순간이 있었을 거예요.

　그러면 말이죠, 여러분은 아르테미스의 어떤 모습을 가장 닮고 싶나요? 잘못되었다고 생각하는 일은 잘못되었다고 밝히고 고치려는 모습? 자신과 친구들이 바라는 일을 이루기 위해 노력하는

모습? 자꾸 밀어내는 동생이지만 끝까지 동생을 지키는 모습? 자신의 잘못을 솔직히 고백하고 인정하는 모습?

이렇게 꼽아 보니 아르테미스는 정말 훌륭한 아이 같아요. 그런데 가만히 생각해 보면 그리 어마어마한 일도 아니에요. 재치로 피톤을 물리치거나 일주일 안에 열두 가지 과업을 수행하는 게 아니잖아요? 우리 모두 적어도 한 번은 마음먹고 할 수 있는 일이지요. 그런 일을 미루지 않고 그때그때 해 나가기 때문에 아르테미스가 멋진 거라고 생각해요.

우리도 언젠가 나만의 신전을 가질 수 있는 멋진 여신이 되기 위해 하루하루 아르테미스의 장점을 닮아 가도록 해요. 그럼 다음 이야기에서 만나요!

참, 다음 이야기는 아주 의외의 인물이 주인공이랍니다. 누구냐고요? 힌트를 드리자면 '초록색'이에요.

옮긴이 **김경희**

지은이 조앤 호럽, 수잰 윌리엄스

조앤 호럽은 문예상을 받은 작가로, 지금까지 어린이 독자를 위해 125권이 넘는 책을 썼다. 대표작으로는 《샴푸》,《마멋 날씨 학교》,《개는 왜 짖을까?》, 그리고 〈인형 병원〉 시리즈 등이 있다. 책에서 새로운 아이디어 얻기를 좋아한다는 점에서 네 명의 소녀 신 중 아테나와 가장 비슷하지 않나 하고 생각한다.

수잰 윌리엄스는 어린이를 위해 30권이 넘는 책을 썼고, 문예상 수상 작가이다. 대표작으로는 《책벌레 릴》,《엄마가 내 이름을 모른대요》,《우리 집 강아지는 부탁할 줄을 몰라》, 〈파워 공주〉 시리즈, 〈꽃봉오리 요정〉 시리즈가 있다. 남편 분 말로는, 수잰 선생님은 귀찮은 질문(주로 왜 컴퓨터가 제대로 안 돌아가는지에 관한 질문이라고 한다)을 하는 판도라랑 비슷한 편이라고 한다. 물론 판도라는 절대로 컴퓨터를 쓸 일이 없겠지만.

옮긴이 김경희

초등학교 때 다른 아이들이 텔레비전을 보는 동안 《그리스 로마 신화》,《일리아드》,《오디세이아》,《플루타르크 영웅전》을 줄줄 외울 정도로 읽고 또 읽었다. 제일 좋아하는 여신은 사냥의 신 아르테미스였는데 정작 본인은 운동에 영 소질이 없었다. 그래서 헤라클레스처럼 열두 가지 모험을 하고 올림포스 산에 가 보고 싶었지만 엄두도 낼 수 없었다. 어린이 독자를 위해 〈올림포스 여신스쿨〉 시리즈를 번역하면서 신나는 모험을 즐겼다.

7 아르테미스의 믿음

초판 1쇄 발행 2014년 10월 15일
초판 4쇄 발행 2022년 8월 10일

글 조앤 호럽, 수잰 윌리엄스   그림 유수정   옮김 김경희
발행인 양원석   발행처 (주)알에이치코리아(등록 2004년 1월 15일 제2-3726호)
주소 08588 서울시 금천구 가산디지털2로 53, 20층(한라시그마밸리)
편집문의 02-6443-8921   도서문의 02-6443-8800
홈페이지 www.rhk.co.kr
블로그 blog.naver.com/randomhouse1   포스트 post.naver.com/junior_rhk
인스타그램 @junior_rhk   페이스북 facebook.com/rhk.co.kr

ISBN 978-89-255-4744-2 (74840)
ISBN 978-89-255-4737-4 (세트)

※ 제조자명 (주)알에이치코리아 | 제조국명 대한민국 | 사용연령 8세 이상
※ 종이에 손이 베이거나 모서리에 다치지 않게 주의하세요.
※ 잘못 만들어진 책은 구입하신 곳에서 바꾸어 드립니다.